擺脫
情緒綁架

NLP
Create
Positive
Emotions

心腦迴路重塑

王紫光 ◎著
陽光心靈診所院長

張雅君 ◎編
NLP高階執行師

推薦序一　陳威伸

久聞王醫師，「行醫而不必用藥」的大名，已十多年。

其間，其實也有幾次在公開場合碰面，匆匆晤談，多系客氣的對話。

這次承邀就其新作，發表個人孤漏淺見，不勝惶恐。但於端午連假難得的空檔中，捧卷拜讀，一時竟放不下手，直到看完為止。

我想原因，不只在其以一個個實例做引，一步步將讀者導入身心痊癒的神奇，又實証的旅程。更建構出其立論的體系與架構。加以用讀者友善的舖墊，娓娓道來，更是引人入勝，相信很多讀者，會在不覺間已有所領悟或某種痊癒了。

當然，其中關於其療癒的假設與操作，與我多年從事的NLP教學與操作實務經驗，是不謀而合。故樂為之綴言佐証幾句。

首先，一開始就從其回憶與情緒的看法說起，就深獲我同感。現代人受這情緒之害之多，真是苦不堪言。但是，從NLP的從屬等級的概念來說，其實，它只是與行為同層級的現象。離能力、信念／價值觀、及自我認同或靈性，還差一大截。只因其位在生命，林林總總的金字塔下端，所以，好像比較普遍與容易發生。所以，就成為困惱很多人的生命現實。

而王醫師的淡化回憶，同時也淡化了情緒的作法，也是我

個人經常採用的手法。實際上，我以為，每一個情緒都有一個結構，只要能瞭解其身軀上的呈現，或語彙，你就可將之解構，並予重構。而隨回憶而來的情緒就可淡化，或轉為正向能量，重新使用。

這裡特別提淡化回憶，而不說抹掉回憶？這是有重大差別的。抹掉別人回憶，我個人認為除非有特殊原由，否則可能是不道德的。別人不論有意或無意，好不容易獲取了一項回憶，這是可以當他前車之覆，後車之鑑用。抹掉了，等於是陷他於前面的學習無效，而往後可能有再患之虞……。

在 NLP 的學習或改變的概念裡，其實，如能先化解當事者的一些神經上的負面聯結，後續的療效或改變，會更有能量與長效。所以，這些年來，我也秉持這與王醫師相同理念，先去處理這些神經不適用的聯結，以舒緩個案的能量情緒。後續的改變過程，就更有資源了。

這些想法，也不自覺讓我想起，半年前我曾幫一外商在台的高階主階，因其新任的上一級主管的意氣指使，而幾乎要跳樓自盡。來看我前，已於醫院看診並服藥幾個月了，但效果不彰。公司派人找到我來。接案後，發現其提到讓其抓狂到要自殺的主因是上述提到的主管。當我以 NLP 的中性化法，幫其沖淡這神經聯結後，當下再測試時，原來提到這上一級主管時的生理語彙，就完全改觀了，變得更放鬆與自在。

我對王醫師談到十年磨一把不用藥的劍，也非常認同。這

裡的認同，特別是指「十年」這一概念。

　　這十年，對我而言，有兩層意義：一是如何讓個案未來，可以自己有自主性與主動性。在 NLP 的概念裡，是指「未來模擬」。現在就學會，怎麼警覺與自我處理。不必到未來嚴重時，要再找人來幫忙才能治癒……。

　　隨這概念，另一可能性是，如何「種因」，如何「治未病」。簡言之，就是平時就可怎麼建立一生生不息的資源，以備需要時，自動出現，並主動，在你知曉或不知曉間，就已將問題解決。無病到老。

　　願與王醫師在不同的「無藥助人」路上，不斷砌磋，不斷成長。並祝本書出版後大賣，嘉惠更多人，啟迪更多同好。

NLP 同路人

陳威伸

中華民國 NLP 神經語言學

協會理事長

推薦序二　王輔天

在我最早的 NLP 學員中，
王紫光醫師已表現出特殊的能力與創造力。
現在他的創意又發現了一個不尋常的 NLP 治療法。
期待透過身體的自然韻律與能量而非用藥物
來得到健康的人，會珍惜這新鮮的說明。

天主教耶穌會　王輔天神父

推薦序三　蘇熙文

　　現代人情緒問題日增，精神科用「表決」的主觀標準作為診斷，精神藥物成為治療主流。然而，連《精神疾病診斷手冊》DSM 第五版研委會副主席都承認「目前我們不知道任何精神疾病的原因」，國際間針對精神藥物的官方警告或民事賠償屢見不鮮，治標不治本的模式已步入死胡同。

　　心病還要心藥醫，但絕不是靠一顆顆藥丸，而是從身、心、靈各層次找出真正原因，從根治癒。

　　王紫光醫師仁心仁術，著書分享豐富經驗，深入淺出剖析病因，並以非藥物的實用方法加以療癒，令人讚嘆！也為身陷心靈牢籠的病友開啟出路，重見陽光！

　　　　　　　　　　　　公民人權協會（心理健康促進團體）秘書長
　　　　　　　　　　　　　　　自然醫學　蘇熙文　醫師

推薦序四　黃泰吉、廖德蘭

　　感謝王紫光醫師對於偏鄉優秀運動員的幫助，讓運動員面對競爭與壓力，能透過腦內迴路訓練簡單的方式獲得良好的改善，提高運動能力達到運動員最佳的心理狀態。

黃泰吉——空手道國家級教練、

南投縣空手道總教練（2016 年第 11 屆愛心獎得主）

　　過去不愉快的記憶常會在夜深人靜的時候回到腦海中，一直不斷的重複，久而久之就形成睡眠障礙，如果白天工作壓力大晚上又睡不好，長期的惡性循環導致精神情緒上的不穩，憂鬱症、恐慌症夾雜地出現在我的生活中。

　　在 921 大地震後我處於重災區，看過許多失去家人的家長，在醫生的建議下使用藥物，長期的服用藥物進而對藥物產生了依賴性，過度依賴藥物讓身體產生抗藥性，即便使用藥物也無法改善精神的狀況，最後選擇結束自己的生命，所以我不願意透過藥物來改善問題。

　　在朋友的介紹下認識了王紫光醫師，接受了 4 次的 NLP 心腦迴路重塑課程，讓腦部淡化不好的回憶重新建立對自己的信心，上完課以後思緒非常地清晰，回家後自我訓練大約三個月，從此改變了我失眠的狀況，因為睡眠充足讓我的憂鬱與恐慌自然而然就消失了，在接觸 NLP 三年多來從來沒有再失眠過。

廖德蘭——空手道教練

前言　十年磨一劍　一把不用藥的劍

　　1990 年，約 27 年前，為了減少病人長期服用止痛藥的危害，拉下鐵門休診三個月，到北京研習針灸醫學，身為醫生的我，一直不覺得醫學就等於用藥的醫療，甚至因執業多年深刻瞭解用藥的問題後，更想幫病患根本解決問題，脫離藥物依賴，還原自在的身心。

　　尤其當我見到個案因為長期服用情緒用藥而眼神呆滯，年紀輕輕卻已失去生命光采的模樣，又再次讓我於 17 年前，奔波於上課及門診之間，追求學問也好，找尋不用藥的方案也罷，那期間學習了催眠、薩提爾的家族治療、神經語言程式學（Neuro-Linguistic-Programming，簡稱NLP）及 EMDR（動眼減敏療法）等，配合觀察困擾個案的大腦線索，臨床上的實測結果令我十分驚訝，人類大腦潛意識的驚人力量，隨著個案數累積愈多，我愈懷疑用藥的必需性！

　　終於在十多年前率性地甩開藥物，「徒手」不用藥的醫學生涯，至今邁入第二個十年，開發個案大腦潛能，可以協助他們解決情緒及睡眠問題，逐步戒掉藥物，每年約可送走幾十位結案的個案，即使如此，十年下來近千位的成功案例，相較不斷增加藥物使用的廣大人口，說真的，我這樣只能算是「牛步」或者「九牛一毛」！誠如一位南部來的中年太太，因為深深感慨這樣不用藥治療的自在竟無法好好推廣，直白地告訴診

所客服人員：「王醫師都已經這麼老了，還不趕快傳出去⋯⋯」

　　其實，情緒起伏原來就是生活的常態，怎麼如今聽到的病名，二三十年前根本沒聽過，「新發明」的疾病真的是需要用藥物長期控制嗎？這樣的疑問一直在病人身上驗證反饋給我，他們有人說：「我不想再行屍走肉了」或者「家人感覺好像我沒有太多負面情緒，但我也感受不了生命的快樂及歡愉⋯⋯」用藥的問題始終在我腦中盤旋著，回想 90 年代因為 SSRI（血清素回收抑制劑）藥物盛行開始，憂鬱症的病名便像野火燎原一樣，成為流行病學的熱門名詞，負面情緒因此被抬上檯面！好處是大眾開始正視情緒問題，但情緒用藥因此廣泛地被使用，從十幾歲青少年普及到八十歲銀髮族群，這並非正常現象。

　　情緒呈現著我們因應環境的「結果」，順利就開心；不順利就不舒服，前者因為快樂舒服，通常我們不去「檢討」，但是後者不順利導致的不舒服感，帶來多少學習的訊息呢？其中最大的意義就是「改變」！如今我們不論是個案、父母，甚至是協助者，往往第一時間用藥物企圖蓋住那些訊息，剝奪了我們身為高等動物──人類的成長機會，不斷需要學習的大腦，又如何進步呢？因此誠懇地呼籲大家，別在發現問題的第一時間，貿然用藥！找出原先因應世界的不恰當慣性，改變它！我們因而有機會成長，變成更適應且更快樂的人，不是更好嗎？

導讀　心腦重塑　如何自癒

不論你是困擾者本身或關心的家人，甚至是專業協助角色的治療者，非常歡迎你以全新的觀點，一起來瞭解新的解決方案！不過，提醒你在進入閱讀內文前，請先將原來的觀點放在另一邊，也許你無法將所知歸零，但你可以帶著好奇及探索來，從另一個角度來看待所謂的情緒症狀或是睡眠問題，找出一線生機，及更多可能讓困擾者回到正常生活的解決方案。

內文中為了讓大家瞭解情緒疾病的臨床反應，舉了三十餘代表性案例，每一類的個案故事都是心酸血淚史，一個故事背後都有許多類似案主，因此劇中不論姓名、身份、性別或關鍵劇情雖已做微調，希望閱讀者，透過故事描述更能清楚他們面臨的困境及出狀況的軌跡，在解決問題的步驟或策略應用才更有所依據。

本書中不斷應用的*神經語言程式學（Neuro-Linguistic-Programming,NLP），在歐美日多國早已普遍被應用在商業、藝術、教育、體育甚至醫學等領域，從它的出版品及課程可得知風行的盛況。而我十多年來鑽研臨床不同情緒症狀，透過每個個案大腦所呈現的程式，找出破解不當想法或行為的 NLP 技巧，結果總讓我一再讚嘆人腦設計之巧妙，在本書中廣泛列舉十種常見情緒問題，如何應用四個步驟——去創傷、調情緒、轉大腦及正能量，使困擾者不需要背負藥物的疑慮下，利

用自身大腦資源，讓自己有一個全新的感受，不再重複習慣的經驗，輕鬆還原正向的自我。

每個個案通常是一對一處理，從他們個別找出的困境線索中，量身訂做屬於他們個別的治療計畫，但都跳脫不出「心腦重塑」的四個步驟範圍，也許有些個案來的時候屬於初期症狀，例如情傷、恐懼、口吃初期，處理策略只需要「創傷淡化」、「情緒排除」兩個步驟，即可以回到輕鬆自在的原始狀態，但如果來就診的時候，已經由原始單純問題發展成複雜的症狀時，前三個步驟「創傷淡化」、「情緒排除」及「大腦重塑」逐一處理，一邊觀察生活的變化，幾乎沒有原始的困擾時，再進行「加強正面能量」，一邊減量用藥，到完全戒藥，讓一個人可以毋需旁人照顧，獨立自在地做自己。

人一生中所會遇到的問題，仔細客觀地想想，似乎都在自身之中，答案也在其中——問題的源頭，其中也藏著解決之鑰。如同天賦之於人，給困難的主宰者，也早已將解決的契機賦予人，相信自己，開發天賦，迎刃而解的資源就在自己身上！

多年來，見到情緒困擾個案不乏智商高的年輕人，卻因負面情緒干擾而影響就學就業，非常可惜！令人聯想這幾年企業界興起以人工智慧取代人力的趨勢，人工智慧之所以好用，除了可內建許多計算統計分析等複雜功能外，與真實人腦的最大差別是，它們可以沒有情緒干擾地發揮內建智慧效能，而我們

肉體的人腦，有著太多情緒作用，影響客觀有利的判斷能力。如果透過新的心腦重塑技巧，讓我們的大腦可以不帶太多負面情緒，甚至運用正面能量的高昂波頻，天生的智慧必然可發揮得淋漓盡致，不枉此生。

註：

*NLP

1970 年代在美國被開發出來的一套新理論及技巧，結合四位當代大師（溝通大師、家庭治療、完形治療及催眠治療）的精髓，巧妙串連包含神經學、心理學、語言學及人腦感知學，透過感官系統（視聽嗅味觸等五感）的觀察及微調，改變大腦受困的記憶、情緒、思考習慣及認知的一大套系統。

神經語言程式學，簡稱 NLP（Neuro-Linguistic-Programming）可以說是改寫我們大腦潛意識不恰當程式，以適當反應這世界各種現象的一套原理、信念及技術的心科學。在歐美日諸國，被廣泛應用於商業、教育、溝通、談判、健康維護、身心治療等領域。

目錄

第一部　不用藥　心腦重塑四步驟

第二部　心腦重塑　處理十大情緒問題

第一部

不用藥
心腦重塑四步驟

CHAPTER I

心腦重塑步驟一、創傷記憶

——如何面對？

記憶何其沈重，傷一次，卻痛上一輩子？

關於創傷記憶，你可能的問題：
1. 童年創傷會影響一輩子嗎？
2. 記憶如同真實事件，很難改變嗎？
3. 成熟的人，可以透過理解，改變創傷帶來的情緒嗎？
4. 大災難的創傷，每個人都會有創傷後壓力症候群嗎？
5. 只有大的創傷記憶，才會造成負面情緒？
6. 記憶拿出來分析討論，理解會有助於情緒釋懷嗎？

記憶如何傷害我們？

「小五那年期中考，我的數學不但不及格，還只考了 37 分！之後國中一直到高中，每次考數學始終有心理障礙。」

「當兵那年在連上被長官當眾羞辱、取笑！之後我就開始很容易結巴。」

「永遠忘不了看到我先生在電子郵件上，跟他初戀女友舊情重提的肉麻字眼，我變得很難信任他！」

以上，來自個案的傷痛敘述。

往事回憶總會帶出各種情緒，快樂、悲傷、感動或難過等等好的、不好的感受。多年來，聽過許多臨床故事後發現，到底記憶如何具有影響力？似乎與事件大小、屬性、時間性等因

素，沒有絕對關係，只有每個人因為各自內在地圖不同，形成認知及感受各異而造成。簡而言之，沒有定論及絕對性，當一個人認定一件事讓他不舒服，那就是傷害！

我們是否曾經好好想過，腦海中存在哪些事？舒服的？不舒服的？快樂或難過的？哪些事直到現在還隱隱約約在影響我們現在的生活？

記憶是否造就我們的人生？為何忘不了？

發生在一時一地，卻影響一生一世！

負面記憶有助於生存

人類的歷史有一大段是與蠻荒、原始的環境搏鬥，在食物與生存的戰爭中，「記憶」佔有很重要的地位，人類與動物最大的差別是，獅子展開攻擊時獵物開始逃竄，當獲得獵物後很快就可以平靜下來享受食物，先前打鬥場面似乎全忘光，直到下次獵捕行動再度展開，動物不是追逐就是逃竄，這種戲碼不斷上演。而人類既跑不快，力量也不大，得以存活實在有賴大腦的「記憶」及判斷。看到獅子「記得」危險，就離得遠遠的，也「記得」向前輩學習如何用武器、用陷阱，安全取得食物，確保存活機會。

負面記憶有助於提醒危險，增加生存的機會，幾億年的演化歷史，長期以來，大腦的習慣早已形成，不舒服的生存危

機，不論實質或抽象的，我們得要牢記。曾有人統計每天大腦
的思考次數高達六萬次，其中，令人驚訝的是大部分的思考當
中，高達 80%屬於負面思考。如果掃描檢視我們大腦所記得
的，也會發現似乎以負面的事件記憶居多。

　　大腦通常喜歡記錄、儲存並回想不愉悅的經驗，即使正面
的經驗比負面的多，負面記憶的那一疊還是會增加得比較快，
情緒的調性因此轉而變得愁悶及悲觀。也就是說，負面的經驗
就像是魔鬼氈（參考 1），一旦與不舒服的情緒沾上，這個記
憶就會牢牢地黏在大腦資料庫裏，陳年不得忘。

　　站在生存的理由來思考人類的記憶，或說我們的記性，傾
向記得不好的、記取教訓，避免危險，似乎就容易理解「怎麼
老是記得壞的」了！

負面事件記憶一定變成創傷？

　　不一定！看你記憶提取有多頻繁！

　　不舒服的事件發生時，即使痛如刀割，僅僅一次。到此為
止，很快遺忘就有了停損點。但許多人在事件過後，頻頻回
顧，如同不斷地拿刀子割自己，試想，事情過後仍然不斷透過
回憶，提醒自己的傷害，讓情緒又掉再落，豈不像拿刀子重複
割自己嗎？

　　如同法鼓山的果醒法師所言：「不要用記憶修理你自

己」。不論有心或無意，別人縱使傷害了你，事過境遷，時空轉移之間，早早忘了也就讓事件隨風而去，但因為意識上不想放過，讓大腦反覆思索，重複溫習，就像自己把刀握著不願放下，拿來一而再、再而三地傷了又傷自己，複習創傷經驗就像用回憶修理自己，不是嗎？

哪些事會變成創傷？

諾貝爾獎得主也是專門研究腦記憶的專家——日本利根川博士：「記憶非肉體現象，而是心理現象」（參考2）。

當我們肉體被傷害時，明顯可目測觀察到身體的傷口；但心理的傷害卻無法讓每個人都看到，沒有統一的見解，只有當我們自己認定「受傷」，它才會造成「創傷」，如果別人覺得是傷害，而本人並不認為，這個傷害便無法成立！

「問題本身不是問題，問題出在我們面對問題的因應，這才會造成傷害，問題本身不會。」家庭治療大師——薩提爾曾如此強調。

事件記憶如何變成不舒服的創傷？有沒有一套標準來認定創傷呢？如同許多心理或大腦科學的前輩所言，那是一種不容他人否定，只有主觀感受的抽象認定。廣義地說，凡是大腦中出現「每次一想起那件事，我心情就不舒服」，這類的事件在潛意識裡就屬於與負面情緒掛勾的「創傷」事件。因為大腦資

料庫會特別註記它，使它成為特定檔案，一旦被打開檔案，不舒服的情緒即隨之而來。

什麼是「創傷後壓力症候群」？

　　近代的心理學家發明了一個名詞-PTSD（post-traumatic stress disorder）即「創傷後壓力症候群」。這個專有名詞背後的創傷事件，通常指強度很強、生命遭到威脅、嚴重影響心靈的壓力事件，比較常見的有戰爭、天災、交通事故、人為暴力等，造成肉體及心理極大恐懼威脅等的事故，被認定是 PTSD 的患者，臨床症狀明顯看得出生理、心理及社會功能失常或失能。

　　早期有越戰老兵的血淚故事，最近則有一部李安導演的電影──比利·林恩的中場戰事所敘述的伊拉克戰爭。片中描述已短暫回到安全母國的主角林恩，不斷地在腦海中播放他在戰場的畫面，情緒似乎無法完全享受被表揚的榮耀，或親友間的溫暖情感，如同 50 年代的越戰老兵，飽受戰爭驚嚇的他們，就是典型有創傷後壓力症候的反應，通常會有以下特徵：

1. 原始事件畫面時常在腦海裡經歷，個案時常在相關的環境，或是在眼前不斷地閃過事件的片段，甚至會延伸與其它相關事件連結，很難回到現實生活。
2. 強烈地焦慮或傷痛，個案沉溺在過去的情境而產生某些程

度的焦慮，無法集中精神易受驚嚇，晚上不易入睡或容易被噩夢嚇醒。例如大型天災，如 921 地震受害者，情況也類似。

3. 麻木，受害者常只關心自己過去經驗，放大自己的問題而對週遭人、事、物漠不關心。常覺得自己是最大受害者，一直在給自己添加更大的痛苦而不自知。

戰爭或災難之外，還會有創傷嗎？

除了少數國家外，如今多數文明國家都處在太平安全的年代，因為大型戰爭而心理創傷的世代已逐漸凋零。偶然雖有颱風、地震、恐怖攻擊等天災人禍的傷害，大多數的人們仍然處於平安的狀態，即使如此，為何情緒疾病依然層出不窮、為數眾多呢？

答案是：小創傷累積

小創傷如何定義？任何不順心的挫折往事都可以算，凡是腦海中記憶的往事，回憶的情緒是負面的，如難過、悲傷、屈辱等不愉悅的經驗，在臨床上認為對情緒已經造成影響的，可以說就是廣義的「創傷」。比起前述 PTSD 的定義，範圍更廣，認定更寬鬆。

如同前述的生活挫折，五花八門的事件都可能造成傷害，只要當事人認定是傷害，是不舒服的，創傷就成立了，因為那

是一種心理微妙而主觀的意念。

記性並不好，但創傷記憶為何記得牢？

如果人類大腦可以將所發生過的事件全數記得，世界歷史的發展，鐵定不會像現在這樣，不記得教訓，歷史經常重演！

創傷記憶又為何如此鮮明，被大腦牢牢抓住呢？每天的時間充斥著不同的事件，新的事件成了記憶，不重要的記憶慢慢就淡忘，但某些記憶在大腦像有著不同記號，尤其是帶著情緒的記憶，它們之所以不易淡化，正因為情緒將它們標記了，例如悲傷的、憤怒的、驚嚇的或者快樂的、驚喜的、幸福的記憶，我們的大腦容易儲存在情緒資料庫中，一旦相關的情緒出現，同類事件的記憶便被資料庫提取出來，引發一連串的回憶自動倒帶，強化同類的情緒！

如同重大事件，例如美國的 911、台灣的 921 或日本的 311，對許多人來說，縱使非親身經歷災難，但驚嚇的程度極高，日期與事件記憶相關性極強，很難不記得，若加上媒體一再播送複習，強化記憶，很難讓人不記得！

一件不舒服的回憶，有些人會隨著時間流逝而淡忘，但有小部分的人會反覆倒帶複習，負面的回憶若是常常想起，頻率太高，愈容易深刻印象，更不容易忘記，受傷的感覺會加重，記恨的程度會更深。

為何創傷記憶要處理？

創傷引發的情緒太多，而這些卻可能來自不可靠的感受，例如：

1. 主觀解讀，因人而異

下大雨的時候，有人覺得討厭；熱戀情侶卻感覺浪漫！美國 911 事件，全世界哀痛；阿拉伯世界的激進份子竟歡呼喝采！同班同學回憶國中老師，有人懷念；有人卻懷恨！

主觀感受也會有狀態下的差異。每個人或許都有這樣的經驗，同樣一件往事，回憶起來，原來也許不舒服，感覺糟透了！但當你情緒能量很高昂的時候，讓你回想同一件往事，可能解釋的方式，完全不同，甚至會有 180 度的差異呢！

沒有客觀感受，一切唯心造，各自以不同角度、方式，自有一番解讀。

2. 事無輕重、大小

讓事件變成創傷，沒有規則可評斷。對你而言，糟糕透頂的事，別人可能覺得還好；朋友憤怒難堪的一件事，你或許還可以處之泰然。小至被罵一句、被瞄一眼，大到被狠揍到連命都快沒了或發生重大車禍，都一樣可以成為揮之不去的創傷記憶。

3. 與時間、年代無關

時間可以帶走一切嗎？有一位女性個案，最近突然想起小時候曾有被性騷擾過，詢問從事發的 12 歲至今已近 20 年，怎麼沒引發情緒？原來過去忙著就學、就業直到結婚、懷孕後，時間空出許多，腦袋竟慢慢浮出過去的記憶……

曾有一位七十歲的退休生意人，已叱吒風雲、商場翻滾數十年的女性，竟還帶著兒時的創傷來治療；另有一些人，卻連昨天、上週發生的事也想不起來。

4. 真實經驗或創造假記憶，一樣令人害怕？

許多人有怕鬼的情結，問題關鍵是幾個人看過鬼呢？沒看過又如何產生害怕？原來不一定是來自自己的經驗，即使以旁觀者看過影片，甚至自己在腦海中想像，都可能造成不舒服或恐懼的來源。

以前常聽到台語俗諺「看一個影、生一個仔」，說的就是把看到的模糊影像當真，在大腦中創造一個自以為真的實體，因為情緒而誇大所見。

日本的利根川博士說：「可用人工方式製造假記憶」（參考 2）。

曾經有一個在國中生班上做的實驗，老師對著班上學生說明，並發下一張問卷，要孩子填寫幼年時是否曾經有過「走失經驗」。收回的問卷有三份填寫的是「沒有」走失經驗，於是老師特別針對這三位，私下與家長電話溝通，請父母親在當晚告知孩子，在某年曾經在何處有過讓他走失的經驗。

第二天回學校，老師藉口問卷弄丟了，邀請大家重寫問卷，結果收回的問卷竟然「全部」都曾經走失過！而且過程竟然也非常栩栩如生。原來，父母只告訴那三位孩子大概被弄丟過，並未告訴詳情，填寫問卷的時候，孩子竟然認為自己曾走失過，而且還可以描述走失詳細過程，記憶就如此被加工了！

也許很多人會覺得不可思議，對於自己所記得的事充滿了信心，一定是那樣，不可能記錯。但近幾年的大腦科學早已證實這件事，洪蘭教授的翻譯著作《記憶‧創憶》提出許多美國轟動一時的一連串心理案件，實證了「信以為真」也可能是大腦的錯覺。神經心理學家-瑞克‧韓森（Rick Hanson）也認為大腦記憶時，只有重點情節被儲存下來，而不是所有的細節，否則大腦很容易就塞爆了（參考 3）。

但當我們一再回顧某段記憶時，除了重點情節外，我們會自己加枝添葉來填滿一些細節，不像電腦儲存檔案可以如實地重現，而且回憶次數或年代久遠，也會讓事件記憶醞釀得走味或加料，變得與原來很不一樣，但通常我們根本無法覺察這些記憶早已被我們的大腦加工了。

負面情緒勾引更多不愉快的往事？

為何當某人令我們不愉快時，過去所發生的相關往事便自動跳出，讓我們的情緒更趨向負面，像似一串粽子似的地連帶

牽扯拉拔出來？

　　例如某個人做了一件事令你反感，嫌惡的感覺又會帶出過去與他相關的類似事件，可能不只一件，如一串粽子一起被拉出記憶庫，擴大情緒強度，同時也放大對一連串往事的解讀角度，反感嫌惡等情緒再被增強。

　　利根川與瑞克・韓森也都提出了：當記憶浮現時，只要有一點點與記憶相關的刺激進入腦中，例如難過的情緒出現，與難過有關的往事，就像帶了引線將牽扯的記憶引燃，隨著情緒砲火，一再升起負向的感覺及念頭，難過的情緒因此不可收拾。

創傷記憶值得一再討論嗎？

　　任何事件的發生，從人生學習課題的角度上，都有值得討論其中曲折或選擇，可以利益我們未來發展的價值。

　　但並不是每一件事都值得那麼做，尤其創傷的程度很深，或完全無法自我操控的情境。每每討論一次，就像結痂的傷口再次被掀開一樣，更痛更難痊癒，諸如被暴力對待、親人往生、婚姻離異等都是人生重大創傷。當然，創傷有多嚴重，還是以個案感受來評估的，是主觀的情緒反應，無法由第三者來判斷輕重。

　　心理學家錢卓（Joe Tsien）他所帶領的團隊曾成功地洗掉

老鼠的記憶，他認為「雖然記憶是個很好的老師，而且在生存適應上是個關鍵角色，但是選擇性的洗去令人癱瘓、無法工作的記憶，其實可以幫助人活得更好。」（參考4）。

減弱或淡化創傷記憶，有何好處？

　　如果可以有方法將創傷事件如同一般中性事件，輕輕不著痕跡地淡化，不帶強烈情緒色彩，就像長時間身上背了重擔的人，一下子卸下重貨一樣。那些處理掉創傷記憶的個案們，當處理完他們沈重的陳年往事時，他們通常會說：ㄡ～輕鬆好多哦！表情和身體也都透出輕快許多。原來，創傷記憶像是有重量的！

　　以下來看幾個案例：

1. 一位五十多歲的中年婦女，童年時曾被母親虐待，小小年紀被要求做許多粗重家事，一旦稍做錯就被責打。她長期帶著恨意，如今卻要面對照顧已七、八十歲的老母，內心痛苦交戰，很不舒服。透過淡化記憶的處理後，她心情很快地轉回正面，可以很自在的面對老化的母親，平常心無怨地照顧著……

2. 一位失戀多年的女性，因為難忘舊情，腦海一直回憶著往日的美好，多年來三不五時就去找前男友，被視為糾纏、騷擾，險些差點要報警處理。經過淡化回憶處理後，不會再想去找他，漸漸地就有了其他交往的好消息……

創傷記憶淡化技巧解密

　　加州大學神經心理學教授 Dean Buonomano，指出人們的記憶會隨著時間的進行，自然地增加、刪除、合併及更新各種內容，NLP 的處理概念即是根據這個原理，及運用一些潛意識改變的技巧，將大腦儲存的記憶，選擇性地加以修改、刪除或覆寫*（參考 5）。

　　這裡列出的 DIY 手法是諸多技巧之一，也是當初 NLP 原始的重要技巧，它重要的意義在於讓大家知道記憶是可以更改的，不要鐵齒的說「我永遠忘不了」——除非是你不想忘！

NLP 技巧——改變過去歷史（V-K 分離）

> **步驟**
>
> 1. 找一個安靜，不受打擾的空間，坐下來
> 2. 如看電影般，回想一遍令人不舒服的事件過程
> 3. 想像自己的分身（分身 1）坐在電影院觀眾席，看著電影

註：

*覆寫

　　用創造的記憶覆蓋原來的記憶。

4. 將另一個自己的分身（分身 2）飄至電影院後方的放映室，坐在面對螢幕，可操控開關的位置

5. 分身 2 的自己看著分身 1，在看過去事件的影片

6. 過去事件經過以黑白影片方式，快速播放一遍

7. 在影片結尾時，想像分身 1 踏入電影中，以時間倒敘的方式，反向播放電影，以彩色影片，非常快速的方式播放，事件影片從自己身上快速穿過，全程約 1-2 秒播放完畢，可重複幾次。

8. 測試驗收：再次回顧原始的事件畫面，試著回想看看，感覺有何不同？

9. 驗收後仍有殘存不舒服影像，可再重複 2～8 的步驟。

　　整個步驟需要大腦專注，可請旁人協助言語引導，自己專心冥想操作，或請專業 NLP 執行師協助，效果會更好。

　　多數人對於自己相關的歷史片段的記憶，多半採「信以為真」。如今大腦神經科學研究進展快速，不論應用在知識學習、心理治療、甚至是犯罪指證等，都發現了人的記憶並不如想像中地可靠。既然如此，探討傷痛的記憶是否必要？尤其是一些令人裹足不前、甚至情緒癱瘓的記憶，是否需要留存在大腦空佔記憶體呢？還是運用潛意識的能力削減它們的影響力呢？畢竟過去已不可追，未來可能無限美好，不是嗎？

.

CHAPTER II

心腦重塑步驟二、身心情緒

——如何消解？

負面情緒，何只傷「心」？更傷我們的「身」

關於身心情緒，你可能的問題

1. 情緒是會遺傳的嗎？與基因有關？
2. 情緒不好時，是因為缺乏血清素？
3. 早期創傷記憶造成我憂鬱嗎？
4. 怎麼每次緊張就會讓我頻跑廁所、拉肚子或頻尿呢？
5. 只要我改變想法，理解它，情緒就會變好？
6. 強烈的情緒來，就要用力發洩，才會好起來嗎？
7. 半夜睡不著，我胸口就會蹦蹦跳，是心臟怎麼了嗎？
8. 過去不堪的事件拖垮了情緒，如今卻連身體也跟著垮了，睡覺也成問題？

情緒不好，是誰的錯？

（1）許多心理問題來自童年的影響？童年創傷導致人生不順遂？

　　傳統的治療學派，喜歡將成年後許多的情緒問題歸因，尤其怪罪童年遭遇，父母因此難辭其咎的罪惡感徒增。

　　然而依據這幾年不用藥治療經驗，個案的負面情緒很少因為童年事件造成，多半是成長過程中、或成年後，不同的情況所產生類似的負面情緒累積而導致。例如緊張焦慮情緒，可能

來自諸多的考試、學習受挫、同儕互動等。

同樣境遇卻不一定都一樣發生心理創傷，絕大多數來自於大腦的「胡思亂想及負面預期或解讀」。而且焦慮情緒累積越多，負面的預期習慣更強更久。當一個人很快樂、有自信的時候，負面事件不一定會造成困擾。情緒是一種能量，累積多了會造成傷害，所以光是理性地討論事件似乎無濟於事，消除長期累積的負面情緒，才可以讓人們在同類事件發生時，不再情緒失控。

不論你接收這世界的訊息管道來自哪裡，眼、耳、鼻、舌、身……，當你周邊環境發展的方式不是你的想像，或不合你的意，負面情緒就會讓你知道，大到地球另一邊的國際大事，小到眼前你家的瑣事，都有可能使你的身心發難！

簡而言之，事情發生不是你要的樣子，或超過你的想像，負面情緒就來了！

（2）父母的遺傳，害我基因不好，情緒不佳？

情緒基因如果會遺傳，請小心這句簡單的話，這意味著情緒疾病，如憂鬱症、強迫症、恐慌等都會透過基因遺傳給下一代？這下子不只怪罪父母，恐怕還可往上追溯到祖先，實在是非同小可的一個重要概念，難道真是如此？

在《情緒大腦的秘密檔案》（參考6）一書中提到：很多人都假設，每一種人格特質都是基因的產品，但其實不然。以精神分裂症（現已改名為：思覺失調症）來說，同卵雙胞胎之

一如果發展出這種病時，另外一名也有的機率是百分之五十；憂鬱症基因的遺傳率則是百分之三十到四十（女性較男性高），如果是焦慮症的遺傳機率就更低了。

最新的基因研究早已推翻「基因等於不可改變」這個鐵律。科學家發現驚人的事實：基因主導的特質可以表現出來，也可以不表現出來，完全依所生長的環境而定，也就是說，父母對孩子的態度和教養的方式，可以改變原來的基因表現。

這個重要概念告訴我們，如果遺傳條件很棒，後天教養及環境，仍然會影響孩子的情緒表現型態；萬一遺傳條件不佳，透過後天努力改善環境及教養態度，孩子的不利遺傳因素，未必有機會表現出來。周遭人事物所形成的環境影響力，如同情緒基因的板機手，是關鍵促發因子。

孩子來到這世界時，似乎已經有事先設定好的人格特質和情緒個性，這表示由父母親那裡遺傳來的，是基因設定的！畢竟剛出生的嬰兒還沒有任何生活經驗去影響他。

90 年代生物學家明尼（Michael Meaney）一直對情緒是遺傳性的，像眼睛顏色一樣不可改變的古早教條心存懷疑。於是他設計了兩組老鼠寄養家庭，一隻神經質的母鼠生下焦慮、神經質的小鼠，另一隻溫和的老鼠生下溫和好奇的小鼠，他讓牠們交換孩子教養，溫和的母鼠照顧神經質的小鼠；而溫和的小鼠則由神經質的母鼠來照顧，結果發現到神經質的小鼠經由溫和的母鼠天天舔，長大以後變成溫和、適應良好的老鼠；而神

經質的母鼠所照顧的溫和小鼠，長大以後則變成緊張，容易受驚嚇的老鼠（參考6）。

究竟基因影響情緒比較大？還是後天的父母教養氣氛或方式呢？

情緒壞，連身體症狀也陸續出現？是自律神經失調？

據中醫經絡理論，每個臟器都儲存著不同能量，以備不時之需，或反應不同生存需求。從良導絡*（註）經絡能量測量可以分析出個體身、心兩面的狀況，例如肺經過量，在中醫稱為肺實或肺燥，在生理上的症狀是胸悶，呼吸急促或會喘大氣，在情緒上則會有心煩氣躁、以自我為中心、不講道理的情況。相反的，肺經過虛則會呼吸短淺、說話有氣無力，情緒所呈現的有憂傷、畏縮沒自信、沒主見等。

身體透過經絡表現，顯現出一個人生理及心理的一體兩面，非常真切地反應個案一段時間以來的「秘密」！

以下是一個真實案例（見圖一），由上圖呈現的良導絡測

註：

*良導絡

　　以中醫十二經絡為理論基礎設計的儀器，可測量自律神經是否失衡。

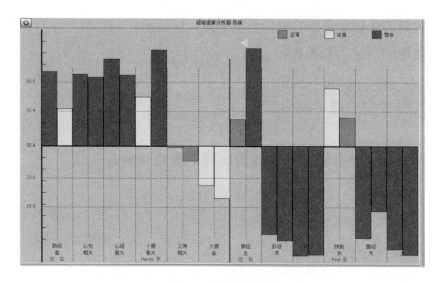

圖一：良導絡測量

量結果，可看出此個案十分煩躁、易怒（三焦經、大腸經、肺經），心火強會有心悸（心經、心包經）、想法誇大且心浮氣躁（小腸經），常顯現害怕、沒安全感（腎經、膽經）、神經質焦慮（胃經）、胃口不佳、不想動（脾經）、對事情容易負面預期而鑽牛角尖（膀胱經、肝經），整體來說，這位個案自我意識強，但是沒動力實現，對外界事物心有餘而力不足。

　　自律神經出了問題，身體透過生理症狀做出了提醒，情緒的困擾如果自我尚未能覺察，發現身體訊號出來時，就得趕快做出改變，處理習慣性的不良情緒，如此一來，獲救的不只心情，還有身體也會更健康。身心雙向的互通訊息，微妙之處，

往往令人嘆為觀止！現代醫療如果看山是山，看水也還是水，真的可惜了我們奧妙的身體！

為什麼會自律神經失調？

當一個蓄電池常過量充電或失電過久時，這個蓄電池很快就會報銷。五臟六腑為了儲存及支援身體對周遭環境的反應，一方面可能會收納過量而無法排除能量，另一方面也可能過度耗盡所需要的能量，雖然它們可以互相支援、互補能量，從華人三千年經絡的針灸學理論，可以看到它們能量的互相流通，如肺經與大腸經互為表裡經等。

這些能量若是長期失衡，所屬的臟器會先不堪負荷而產生疾病，比如焦慮的人，胃經和心經失衡而有心悸及胃痛，這就是自律神經失調。如果單純的器官產生疾病還是小事，更重要的這些不堪負荷的臟腑能量，會把過量或不足能量訊息傳達給大腦，讓大腦為失衡的臟器做修補，此時的大腦會容易有相對應的負面情緒，就可以看到某種情緒能量的惡性循環。

暴露在負面訊息中？小心傷心又傷身

負面情緒人人不喜歡，有一種情緒，現今年輕人會自找，上電影院找刺激，看恐怖片讓自己陷入害怕的感覺之中，偶爾

為之還好，但提醒喜歡常常看恐怖片的朋友，我們身體儲存害怕情緒的經絡主要是腎經、膽經、三焦經，常常看鬼片，讓害怕的情緒累積過量時，悲觀、恐懼的負面情緒也會伴隨而來。

當有天災或人禍發生時，媒體總是會重複播送相關意外畫面，如美國 911 事件、日本 311 等，甚至台灣的北捷殺人事件，心情容易受影響的人，最好自己控制手上的電視遙控器，不斷播放的視覺衝擊，會讓感官暴露在負面訊息中，平白製造累積許多負面情緒，縱使不是發生在自己身上，情緒影響效應是很類似的。

身心是雙向互通的，能量會流來流去。當我們感冒引起腹瀉反應時，許多人會同時有煩躁感，那是因為影響了大腸經，它的另一面向的反應就是煩躁。身心關係緊密連結，保養好兩方皆受益；破壞一方，另一面向也翻臉，得不償失，不可不慎呢！

情緒是一種能量

說起情緒，看不見、摸不著，不知它在何處？但是當一個人生氣時，滿腔怒火的下一步，可能不是語言暴粗口，就是拳腳相向；如果難過、沮喪時，除了滿臉愁容外，雙腳似乎也缺乏動力，什麼事也不想做；但當我們快樂時，全身充滿飽飽的氣，隨時可以笑或採取動作。任何情緒發生，儼然像一股能

量，帶動我們的生活在喜怒哀樂之間，遍嚐百味。

（1）從「胸」口出發的氣

戲劇或文學作品中，不論從文字裡或演員的動作中，如何表現戲劇張力？不外乎情緒起伏吧！表現男子漢有志氣——拍胸脯；女子失戀鬱悶——捧心；被恐怖劇情嚇到——撫拍心窩處；緊張焦慮的媽媽——心悸，快喘不過氣來，多少肢體語言都已潛藏著我們情緒能量的秘密，毋需多說，看演員的動作就明瞭他們處在何種心情狀態了，不是嗎？

其實情緒透過身體來表達訊息，早在三千多年前的古老中國醫學中，已經有所見解。所謂「氣會膻中」，膻中指的就是胸口位置的「膻中穴」。當我們生氣時，憤怒的情緒彷彿一股氣，從胸口發出，能量往上直衝腦門，以致於大腦無法思考，呈現當機狀態；緊張焦慮的情緒則是收斂緊縮的氣，使胸口極度收縮，會有胸部悶痛、心跳不規律的感覺。

因為身體的訊息過於明顯真實，提醒的意味十足，卻也因為作用的位置容易讓人誤會，總是被連結到心臟的問題，因此有許多患者有上述胸悶、心悸等困擾時，第一時間會找上心臟科或胸腔科就診。檢查後心臟若不是元兇，回頭應該好好檢視自己的心情，才是上策！

（2）反覆思索，導致能量累積

事情發生以後，在時空推移下，已經消失不見了，唯一留存的可能只有照片，或者大腦裡的記憶了。但聽過「愈想愈

氣」嗎？有些人透過大腦留存的記憶畫面，反覆重播倒帶提醒自己，不舒服的事隨著大腦複習，情緒一次次被引發，不斷累積加深，擴大身體的影響，胸口的不適感加重，累積多了就會像戲劇表現一樣，拍、摸或安撫胸口的動作就會常常出現。

（3）面對危機，能量瞬間加壓

　　情緒之於人類生存，有很關鍵的作用，例如，穿越馬路時，突然轉彎處出現一輛疾駛的卡車衝來，大腦瞬間判斷危險，身體反應立即跳開，情緒強力加壓作用防範了瞬間的危險；平常過馬路屬戒備狀態，見到紅綠燈號誌的應變反應，是屬於中度加壓作用；而大多數時間裡，則是屬於輕度加壓的狀態。有不同的情緒對環境產生反應，或戰或逃（fight or flight）的機制才會幫助我們生存。

（4）累積或加壓，都會泛濫

　　不論是慢慢長期累積，或是短時間急速加壓，所形成的負面情緒能量，會儲存在身體的相關部位，它們初期像蓄電池，會儲存特定情緒能量以備不時之需。當未來類似問題出現時，身體更有能力去反應，不需要每次從零開始，反應速度愈來愈快又有效率。

　　而情緒的能量會分門別類地儲存在五臟六腑中，即自律神經系統。造物者設計人體的巧妙之處在於，當問題發生時，我們的大腦無需關閉所有的自律神經機能，只要相關特定的器官即可。例如緊急時人的胃、小腸、大腸機能停擺，而呼吸心跳

仍能運作，仿佛身體會分工合作，記憶著情緒一樣。

（5）同類情緒事件會累積，滿了會溢出

悲傷感、緊張感、憤怒感、沮喪感等等負面情緒，剛開始情緒強度可能不大，也或許引發的事件情節不嚴重，或者尚可控制隱藏，隨著時間推移，遇到的相關事件愈多，情緒累積的量也會增加，而且，不同的情緒會存在不同的情緒點，儲存的量夠多時，某一天，也許又遇上類似情緒的事件，很快能量爆滿，就是情緒潰堤的時候。

一個非常典型的案例，約 50 歲左右的中年婦人，來看診時的主訴是因為她們家的老貓走了，一邊掉眼淚，一邊解釋她其實沒那麼愛牠，那是她弟弟的寵物，可是不知道為什麼她就是一想到就有莫名的悲傷感，不停地流淚，停不下來……

我再追溯她這幾年情緒事件的情形，終於明瞭，兩年前她母親生病往生，情緒還好，一年後她的姊姊也意外辭世，她雖然難過，卻沒有非常激動，直到這次，只是一隻寵物，怎麼反而比她失去家人，情緒還要悲傷許多，她百思不得其解。

我安慰她，這是因為悲傷情緒是會累積的，這次不過是壓倒駱駝的最後一根稻草，滿了溢出來了，才會如此難以控制。

身體會記錄情緒？

卡萊爾（Thomas Carlyle）：「在頭腦發揮作用之前，心往

往先看出來了。」（參考 7）「心腦論」指的「心」範圍，其實是指胸口的訊號，如心悸、胸悶、胸痛，指的是心所在的位置，還是範圍較大的胸腔呢？

　　人體軀幹，橫膈膜的位置，即以印度脈輪中的太陽神經叢為界線，往上以心輪為中心圍成一球狀區域（圖二）此為「情緒體」，即平時我們稱為胸腔的範圍，往下以臍輪為中心，圍成一球狀區域，則為「感受體」，也就是我們稱為腹腔的範圍。如果以印度脈輪來看，情緒體由上而下有喉輪、心輪、太陽神經叢；感受體則從太陽神經叢開始，往下有臍輪、海底輪，整個畫出來看，我們身體軀幹的部分，胸腔、腹腔剛好形成一個葫蘆狀的能量場（圖三），互相影響。

　　「情緒體」是重要情緒匯集的地方，例如生氣時的怒火在胸中燃燒；難過時胸口酸酸的；緊張時胸口會緊縮；沮喪時胸口會悶悶的。其他諸如心跳加快、小鹿亂撞、捶心肝、嚇到拍胸脯等等，這些生活中常見的情緒反應在身體的部位，應屬「胸腔」是第一名，是否長期壓力影響下會造成心臟問題，有待探究，但初期懷疑是心臟問題的患者為數不少。臨床上，壓力影響血壓或心血管健康的相關報導，確實已被證實。

　　情緒體對應著每次負面情緒的身體記憶，逐漸在胸腔的位置，將負面情緒能量集中、儲存及排洩。當情緒過多，腹腔的「感受體」就會產生生理症狀，影響到該區域的生理機能，諸如：胃食道逆流、胃痙攣、腸燥、頻尿、或生殖系統的問題。

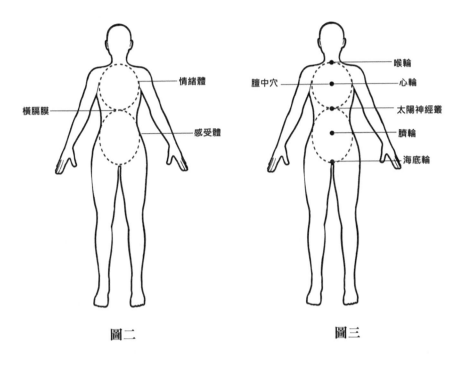

圖二　　　　　　　　　　　　　　圖三

　　當上述這些症狀出現時，如果個別處理，胸悶、心悸就找心臟內科、胸腔科；頻尿找泌尿科；胃痛、腹瀉找腸胃科；甚至找婦產科～幾乎跑遍各科門診，就像遊樂場的打地鼠遊戲，一個出來打一個，始終找不到真正的問題癥結，焦慮情緒升高，最後只好被轉介到精神科，吃了情緒用藥，症狀也許稍減緩，但依舊干擾，當情緒相關事件又再發生，身體的各項訊號，仍然不會忘記提醒，情緒太多了……

　　「情緒體」難道沒有正面能量？當然有！當我們覺得自信滿足時，會有一股充實的能量匯聚在胸口，看軍教電影中，年

輕軍官不就是如此？豪情壯志而胸口升起澎拜之氣？當我們充滿感恩及愛意時，胸口會有暖暖的感覺；興奮時心中小鹿亂撞。

比起快樂歡笑的正面能量，生存危機影響人生重大，因此負面提醒訊號特別明顯。

葫蘆裡的風暴

身體呼應著情緒反應，當負面情緒出現時，點點滴滴記錄在身體某處，其中「胸腔」是一個最大匯集處，它不只承擔集中、儲存也負責排除，因此稱它為「情緒體」。情緒以能量的模式，長期慢性地累積或短期強大情緒衝擊，都會在此區暗潮洶湧，透過生理訊號反應出來，例如胸悶、胸緊、心悸、心酸、心痛等，累積久了，症狀逐漸明顯，選擇忽略它，它會讓你生活得不舒服，這就是提醒訊號！

身體軀幹的下方是我們腹腔的區域，它同樣在承受我們的負面情緒，當「情緒體」的情緒過多或夠強時，腹腔這「感受體」的反應就會出現，典型自律神經失調的各種症狀，例如：胃食道逆流、胃痙攣、腸燥腹瀉、頻尿、及婦科症狀，初期多半有症狀，但找不出西醫病理上的原因，若情緒問題懸而未決，症狀會加重，讓我們不得不面對！

身心是在同一個系統下的兩個小系統，改變其一，就能牽

動另一。

　　不論「情緒體」或「感受體」的反應，對我們的健康來說，都具有非常大的善意。有些人很ㄍㄧㄥ，悲傷、痛苦、憂鬱的種種情緒的苦，都深藏不露，偽裝成強人，但這兩區的反應卻騙不了人，輕忽它、不面對、不處理，直到這股力量在葫蘆裡蓄勢待發，儼然形成一股風暴，跑遍各科，找盡名醫，可能到最後才會回歸到面對自己的情緒問題。

　　葫蘆裡的風暴其實就是指「自律神經失調」！

常見的情緒解決方案

（1）情緒來了就要宣洩，才會減輕？

　　憤怒實驗的專家——西蒙・法敘巴哈（Seymour Feshbach），他曾做過一個實驗，針對一群沒有特別攻擊或破壞傾向的青少年，研究情緒宣洩的結果（參考8）。

　　實驗中鼓勵這群男孩以肢體踢打家具、進行暴力遊戲，經過一段期間的觀察，發現這些行為是否宣洩了孩子的情緒？出人意表地答案是相反的，宣洩反而強化了他們原本的攻擊性！這些被實驗對象，變得更有敵意及破壞性。證明傳統處理方式以為說出來不滿的事，甚至哭出來，給拳擊包讓人捶擊來發洩情緒，其實只會累積更多原始不滿的情緒，強化大腦習慣發洩的神經連結。

有位個案第一次見面還沒談到多嚴重的事情，已經哭完半盒面紙，淚水完全像流不停的自來水，關不了！詳細瞭解才知道，過去被教導要宣洩才能平衡情緒，她說事情剛發生時，只是偶爾啜泣一下，被鼓勵哭就要大聲發洩之後，半年下來，她說哭點變得很低，動不動就哭，如今就變成這樣，一發不可收拾！

宣洩是一百多年前的治療技術，它最大的好處是雨過天青後的舒暢感，而最大的壞處是沒有任何證據可證明這個方法有效（參考 8）。

任何吐苦水、抱怨、或宣洩，都是一種重複思索的過程，愈去重複這樣的行為，愈會加強鑿深錯誤的慣性迴路。觀察身邊不乏這樣的人，他們很難不抱怨，但更難的是改變這樣的行為慣性。除非他們有所覺察，明瞭這些言語再怎麼樣也無濟於事，將注意力轉移到真正可以改變的有效行動上，事情才會有轉機。

（2）剖析對於過去創傷事件的看法，情緒就可以解套？

長期以來，我們總是讓情緒和事件記憶緊密掛勾。想要了解別人為何看起來不開心，多半會問：「是什麼讓你不開心？」或是「發生什麼事嗎？」等問句，似乎情緒走向負面一定有甚麼事件或記憶成為前提，引發後續的情緒。

實際生活中，卻有不一樣的發現。晨起時還來不及發生什麼事，才剛離開枕頭，心情竟莫名地盪下去，很悶很煩的感覺

籠罩著我們，習慣思考的大腦開始搜尋可能導致這情緒的線索，「嗯～那天老媽講那件往事幹嘛！搞得我心情低落～」回想情緒低落的嫌疑事件，於是再度拉出母親過去與自己相關的心結，愈扯愈多，像是一串粽子似的一起被拉回到現在的腦海中，事件記憶一幕幕播出，讓情緒更難回到水平，似乎煞車失靈。

情緒勾引記憶；記憶引發情緒。過去類似的情緒事件會在同樣情緒下，被一一喚回。例如過去讓我們悲傷的主要經驗是失落，縱使老人家的過世在意料之中，我們也走過那段悲傷，日後，只要我們感受失落，就會把那些相關回憶都帶了回來，情緒又感到悲傷。也就是說，每個人在某些時刻被情緒所引發的記憶及思考模式都是互相牽連的。

當我們難過想哭時，重回那樣的情緒狀態，不論我們想不想要，過去曾經出現在心裡或現實世界中，讓我們痛苦難過的想法和回憶，都會很快地自動浮現（參考9）。

嬰幼兒像是地球新房客，沒有過往記憶，尚未學習判斷，但他們已經有很多情緒表現了，不是嗎？情緒的腦發展的時間早在思考的腦之前，例如嬰兒對於外界的反應，還沒透過教育學習，理應還不會有自己的思考能力或判斷力，卻已經有多種情緒的呈現了。

原來，情緒可能跑在大腦判斷之前（參考7）？

記憶和情緒在大腦中是緊密連接的，改變一個經驗就會劇

烈地改變另一個經驗。這是神經影像學的研究證實了長久以來的懷疑（參考 4）。理解傷痛往事，改變不了心情，那是因為負面的情緒是累積的，儲存在「情緒體」，長期積累，縱使大腦理性地知道當時的無可奈何，潛意識的傷痛負面能量也早已滿出，理性的大腦已經幫不上忙了！

如上一章所提的創傷記憶，淡化潛意識的往事記憶，會讓無所根據的大腦，找不到地圖，無法按圖索驥去爬梳線索來傷痛一番，自然就會無事可著墨地，無從發揮編劇本事。

（3）各種情緒疾病，都和血清素缺乏有關？

來自德國的紀錄片（參考 10），探討憂鬱症的藥物問題，其中提到那些大量生產情緒用藥的藥廠所訂定的行銷目標，就是讓一般民眾在面對日常生活問題，所產生的困擾當作疾病，憂鬱症於是大量被德國的醫生製造出來，在某個城市 800 萬人口中，有 78 萬被貼上憂鬱症的標籤，普及率竟達到將近一成！而幾十年來，抗憂鬱藥物帶來的自殺疑慮，一直未被消除，或合理地解釋。

臨床上在確診一個疾病前，通常需要許多檢驗，透過科學儀器所呈現的照影、驗血的生化數值等多重確認，但如今要知道情緒疾病，像憂鬱症、恐慌症、躁鬱症等，只需問診或者加上填寫心情指數的量表，在邏輯上最令人感到不安的是，兩個人之間幾分鐘的談話，便馬上認定，某人有憂鬱症！「怎麼會有這病呢？」「是遺傳基因的問題！」然後就開了藥，拿了藥

之後，以為是心理問題，卻服藥調整生理，似乎問題才剛剛開始……

我的許多個案第一次來的時候，會發現他們對現今情緒疾病認定的困惑，例如一位個案在來尋求不用藥醫療之前，已經跑了好幾家醫院，幾次下來不僅沒解決問題，更讓他陷入更大的迷思，怎麼會這樣？原來，他在覺得自己睡眠出了問題之後，急著想找答案，好讓他可以好好睡，結果掛了五個門診，答案竟每家不一樣，其中有恐慌、躁鬱、憂鬱、廣泛性焦慮，當然合併失眠！有的認為他同時有兩個問題，有的覺得他是其中一種，反正最後都開了藥，回家數數藥袋，竟然多達十八種不同的藥，連安眠藥也不一樣，他滿臉疑惑地問我：到底要吃哪幾種？我到底是什麼病？

在情緒用藥中，「血清素再吸收抑制劑」（SSRI）是被處方的最熱門藥物之一，但是令人不解的是，身體中關於神經傳導物質就有二十種以上，血清素（Serotonin）只是其中一種。這種 SSRI 藥物大量被藥廠生產行銷前，血清素對情緒的相關治療理論不過只是「假說」，也就是說，罪魁禍首是不是它，尚未被完全確認！

而情緒問題的個案，身體中是否剛好缺乏血清素呢？是否如同血膽固醇的確定一樣，抽血生化檢驗後，有了數據來作為依據呢？

坊間有些機構會請個案填寫情緒量表，這也頗耐人尋味。

量表的設計傾向於負面問題，填寫的當天如果和女朋友吵架，心情超級沮喪，所看到的問句，幾乎都朝灰色負面的答案作答，明天與她言歸於好，心情歡喜的時候，那些負面情緒幾乎都不存在，兩天之間的差距這樣大，不都是同一個人嗎？一旦量表經過評量，如果被認定是憂鬱症，標籤貼上，病史上就平白多了一個負面的記號，不是嗎？過程令人十分不解。

心腦重塑解決方案

長期觀察及注意到個案身體，因為情緒而發出的求救訊號，一向不喜歡貿然用藥的我，嘗試運用潛意識改變的能力，在許多個案身上找到他們身體不同部位的微妙訊息，用了 NLP 的技巧，分別處理身體部位儲存的酸、痛、沈重、異常跳動感等，潛意識藏著許多身體的情緒秘密，沒有親眼看到之間的改善差異，很難相信身體如此奧妙。

解決方案不斷求進步，直到 NLP 的創始人——理查・班德勒的新書上市（參考 11），又開啟了我另一個方向的思維——情緒迴路的能量療法，找到個案情緒感知的點，透過迴路的程式化冥想，同步解決了他們情緒及身體的負面感受，從此，毋需個個擊破不同部位所發出的求救訊號，僅需設定一個正確的迴路，竟讓身與心同步好起來！這是一件令人興奮的大事！

　有趣的是，這些「情緒體」或「感受體」的部位，與前面提到中醫「氣會膻中」或者古印度的脈輪理論，也都不約而同有了重疊的點（圖二）。它們指的都不是所謂的心臟，而是胸口處，這裡也是最多情緒患者最常抱怨的點。

　情緒體與感受體的迴路像葫蘆型的上下兩個圓，以橫隔膜為中心點，以上為情緒體，以下為感受體（圖三），設定程式迴路以冥想方式練習，兩個迴路可能不同方向，而且不交集也不重疊，各自設定適當的迴路，運用潛意識的能力，進行冥想練習。

　情緒體的四個可能迴路中（圖四），由受過訓練的 NLP 執行師透過測試及設定後，只有其中一個方向，才能真正進行有效的練習，想像一個宇宙星球的球型亮體，在固定路徑上轉

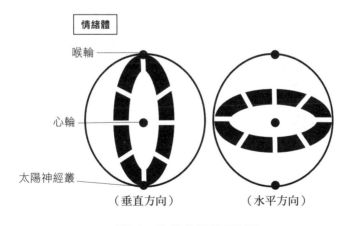

圖四　胸腔的情緒體迴路

動，腦海中只需冥想如此程式化的練習，每一次練習都在排洩掉過去儲存的負面能量，累積一段時間的冥想後，可以發現：

1. 身體症狀如胸口悶、痛，心悸、心酸等生理不適感逐漸減少
2. 情緒症狀如難受、沮喪、悲傷、憤怒等負面情緒的發生頻率降低或弱化
3. 大腦不易被負面情緒或身體症狀牽引，而不斷有壞想法。

　　感受體一樣可通過設定迴路的過程（圖五），累積一段時間的冥想練習後，生心理的情緒負面慣性逐步清除，同步改善，例如：

1. 消化系統異常訊號消失，如胃部痛的頻率下降及減輕，腸道機能順暢、腹瀉頻率下降、排尿正常、生理痛減輕等。
2. 焦慮、煩躁感明顯下降。

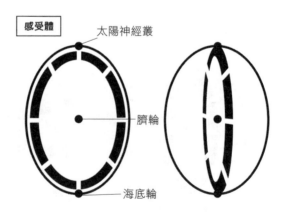

圖五　腹腔的感受體迴路

3. 大腦同樣因為身體症狀消失，情緒較為安定平靜，想法趨
   向正面。

　　人生路上，當不好的情緒發生，會迫使我們一直以來習以
為常的視角，有機會重新調整，思索是否哪裡該轉向。情緒對
於人生的意義重大，但是意義不是在負面漩渦裡撈拾什麼，而
是情緒放下來以後的學習，因為負面的情緒沒了，客觀分析的
能力就可以幫助我們，真正地學習不同的課題。

CHAPTER III

心腦重塑步驟三、大腦慣性

——如何逆轉？

大腦意念有如馬匹，是野馬？還是駿馬？由你自己決定！

關於大腦習慣，你可能的疑問

1. 為什麼有些人老喜歡抱怨過去的事？
2. 是不是有人天生悲觀，想法都很負面呢？
3. 許多女性很容易擔心，也很喜歡碎碎念，是怎麼了呢？
4. 很容易想不開，愛鑽牛角尖，能改變嗎？
5. 大腦的想法是天生的？思考習慣是無法改變的嗎？
6. 聽說注意力不集中，不但影響學習，也會造成情緒問題？
7. 某些人非常固執；有些人習慣緊張兮兮，可能改善嗎？

人生主宰權在哪？

常常有人會想問：我們是如何走到人生的這一步？或是「是什麼決定我們的人生？」有人會說：是選擇！或許有人會回答：是命運！其他答案：可能是父母、是家庭、是朋友……

我的答案很簡單：是自己！而且是自己的想法！決定了我們許多決定、趨向或選擇，因此造就了我們現在，而最驚人的力量是這些想法有一定的習慣！經年累月塑造了強而有力的大腦慣性！

大腦之於人生，成也它，敗也它！

大腦如何影響我們的生活？

許多沒說出口的語言，就是大腦的想法，包括所謂 OS，內在對自己說的話，不論好話或壞話，凡是起心動念，這些已隱隱約約形成力量。小到決定三餐吃什麼，大到決定一生的大事，全都靠頂上這顆重量不到身體 2%的頭腦。

說出口的語言，或寫出來的文字，只佔大腦龐大資料庫的微小部份，還有其他影像、聲音、味道、氣味、觸覺等五官感受的分類資料庫，各自都有一定的影響力。

其中，「思想」仍然是生活中影響層面最大的，看看以下我們經常使用的詞彙：

想法、思念、懷念、創意、注意力、擔心、臆測、推理、信念、預期、偏見、胡思亂想、回憶、回想

情境動詞不同，指的都是頂上那顆大腦的思路運作表現。有人說人生是由許多選擇所構成的，你怎麼想，決定你怎麼做選擇，或下決定，然後行動實踐它嗎？每一步都在拼湊你的人生版圖，回溯到底，不就是從大腦的想法開始嗎？

那些你以為一閃而過的念頭，或者日思夜想的深刻想法同樣地在影響你。

大腦是個慣性指揮家

你怎麼想一件事，也許受家庭教育、學歷高低、人生經驗或閱讀等複雜因素所影響，也有人覺得受生肖、星座或八字等決定。但怎麼想許多事，其中的脈絡，就可以看出一個人思考的習慣性，即所謂的「思考模式」，模式代表有一致性，換句話說，有自己的風格，這就是大腦日積月累形成的程式。

大腦為了省能量，竭盡所能減少太費力的思考模式，凡是遇到熟悉或類似的事物，需要做判斷或決定，往往思考路徑都是走快速捷徑，也就是慣性路線，像是交通路線中的高速公路。生活中隨處可舉例大腦習慣走的路線，觀察一下周遭親人或朋友之間，有些人很喜歡話說從前，倒帶往事歷歷，鉅細彌遺，好像是眼前正在看的電影；某些人嘴裡嘮嘮叨叨，細碎繁瑣，唸的多半與他的煩惱有關，要他停下來非常困難；另外一種人，只要你請教問題或關心他，多半得到的回應是悲觀想法，少有正面的答案。

這些言語或行為表現就是背後指揮家——大腦的習慣性思維的產物！雖然各自有不同的干擾路徑，為了省能量，歲月及事件量的累積，早已練就強而有力，速度超快的慣性迴路了！

慣性形成之後，很難改變？

如果在我們不知不覺中，未經意識審慎過濾，某些「壞」習慣已經形成，那是不是很糟呢？根據過去的大腦神經科學理論，確實不太妙！

1906 年獲得諾貝爾獎的<u>卡可霍</u>，提出一個大腦神經細胞的發現，他認為：大腦定型了即不能再改變，也就是神經細胞死了，無法再生。離現在一百多年前，主張如此不帶希望且宿命的理論，不知影響多少後代子子孫孫對生命的看法或作法呢？

其實，這理論在近期已被推翻！還好大腦科學快速地進步，帶來重大的革命性看法！

大腦具有可塑性，生機希望無窮

過去我在醫學院念的教科書，就是沿習<u>卡可霍</u>的概念，令人無望。而近期的大腦科學已經推翻了上述長達百年的教條，甚至大腦掃瞄技術，使我們能夠看到大腦的運作活動，也發現人類的大腦是一個不斷變化的活動器官，每個神經元（神經細胞）末端可發展出成千上萬觸鬚狀神經纖維，聯繫相關神經元，讓我們可以有多樣性的思考及行動。

　　大腦並非早期科學家認定的那樣不變而定型的，也不是靜態的，它是動態地因應我們的生活而不停地自我修改。神經的可塑性使大腦打破它跟基因組之間的連結，基因似乎被認定宿命似地決定我們一生的命運，而大腦重新被認為具有可塑性後，充滿生機，希望無窮！

　　支持神經可塑性的專家，完全顛覆了大腦長期以來不可改變的誤解，國內知名的洪蘭教授，近幾年不遺餘力地不斷提醒醫界，重視國外先知發現的大腦科學，不論透過許多腦科學專家或大腦照影工具，一再地證明大腦一直不停地在改變，如今這已經成為共識，也是人們改變身心的重大希望。

大腦在幾歲前會有可塑性？

　　過去的生理學以為大腦神經細胞，發展到 20 歲就會停下來不學習了。新的發現證實大腦的神經元會因應我們所遇到的問題或困難，做出不同的神經連結，學習改變而形成新的連結方式。出生時腦部配備的神經元在一生歷程中，會持續編織路徑，好讓我們適應環境變化，而原來劃分好的特定活動或身體部位及心理習性都會隨著變動。

　　大腦神經科學家-莫山尼克說：大腦路徑會因感覺訊息的改變而改變。我們的生活方式會在腦部留下印記，造成神經路徑的改變。如果我們經常保持某種思考模式或習慣性動作，神

經路徑就會被固化。就像騎腳踏車,學會了,就一輩子都會了!神經迴路的可塑性,就是讓大腦可以用省力的方式來執行。壞習慣的養成也是如此,一旦形成,一輩子受制於它。

身心腦交互為因果

（1）情緒使大腦轉彎

我們以為大腦怎麼認知,因此產生後續情緒反應,其實,情緒的反應往往比大腦更快,在心腦論中有許多這樣的論點,出生不久的嬰兒尚未教育它,卻已經有許多情緒反應了。情緒會影響大腦要不要記得某些事,情緒感受會造成大腦往另一方向思考,情緒也會迫使習以為常的大腦慣性,不得不轉向去改變!

回想過去的往事,記得哪些事或忘了哪些事,其中有很大的差別,仔細分辨看看,記得的事是不是有情緒的成分在裡面?因為那往事令人快樂,因此記得;想起來就尷尬,所以特別記得清楚,不悲不喜、不憂不煩的中性事件,像是日常瑣雜事,似乎在記憶的大網中撈不出來,早隨著時間之河流逝了……

當情緒強烈不舒服時,觸發大腦原先的想法開始鬆動,極大的正面或負面情緒都有很大的可能,改變我們一直以來的觀念或認知。例如一位從小將父親視為偶像的少女,對於父親的

角色從來沒有絲毫地懷疑，某天卻意外發現他有外遇，心裡因此產生非常大的反彈及厭惡，之後，對待父親的態度及感受便有了 180 度的轉變，大腦在此時也自動走往另一條路徑，對人生的許多事不再篤定堅信，這就是大腦受情緒影響所做出的反應。

（2）大腦與身體連通一氣

　　過去我們都認為是大腦對身體下指令，告訴它怎麼行動怎麼說，我們的身體表現與行為必須服從指令，從來不會反駁，事實上身體與大腦是雙向溝通的，是互動且彼此適應的，大腦傳達訊號給身體，來影響身體的感受；身體也回送訊息到大腦來影響大腦，無止無休地雙向互動。

　　有一例子可以非常強烈地描述大腦和身體是如何互相牽引的。

　　八年前一位三十幾歲女性，為了童年創傷引起一連串的問題來找我。她的童年因為某些原因就近住到伯父家，一次孩子間玩耍造成的紛爭，引來伯母生氣地修理了她，一巴掌結實地打在左臉頰上，多年來始終覺得委屈憤恨難消，不但情緒受到很大的創傷影響，只要有人批評她，往日的那股被打的羞辱感又會冒上來，沒多久，她的臉就「真的」腫起來，如同當年一樣。

　　縱使理性很難理解，大腦與身體如此緊密地連繫，因此從潛意識下手找到關鍵線索，處理掉大腦的創傷經驗，身體的問題就不再發生。這是一個令人印象深刻的大腦與身體明顯掛鉤

串連的真實故事。

天主教樞機主教<u>單國璽</u>先生曾在罹癌後，輕鬆引用一句話：罹癌者有三分之一是被嚇死的！因為疾病訊息先讓自己情緒崩壞，吃不下、睡不著，身體完全無法與病魔對抗。而睿智的主教，大腦有智慧地輕鬆看待肉體的問題，他因此在那幾年還可以到處分享「生命告別之旅」，超過兩百場的演講，除了以他驚人的意志力可以解釋之外，大腦發出他慈愛的意志後，身體接收了這樣的訊息，讓他行使了超凡的任務！

誠如我一位老友也是腫瘤治療專家——施醫師說：樂觀的人不管用什麼藥，效果都很好；悲觀的人不管用什麼藥，效果都不太好！

（3）大腦慣性深深影響情緒

「我思，故我在」這句名言推演開來，我怎麼想也決定我怎麼存在，不是嗎？大腦習慣負面預期的人，生活得緊張焦慮；大腦習慣胡思亂想的人，注意力分散，學習發生困難；大腦傾向回憶倒帶往事的人，活在過去的情緒中；大腦固執不變的人，不順心的機會大增，快樂變得不容易！

但是，大腦怎麼發展成這樣的習慣呢？生命歷程一路走來，不知不覺當中，凡經歷的事都會練就我們的大腦，從小經驗的家庭、學校教育、人際互動、挑戰新事物等等，大腦形成我們個人獨特的地圖，依據逐漸形成的地圖，辨明判斷事理。除非新的事情發生，我們才有機會重修、調整地圖，因此有所

謂「歷事練心」，那個「心」代表的就是大腦的思考力或者情緒，久了就逐漸演化成慣性。

有趣的是，同樣的經歷也不會造就一樣的大腦慣性。看看周邊的同卵雙胞胎兄弟或姐妹的比較，基因最相似、家庭、社會等變素差異最少，想法仍然可以大不相同，就會發現大腦有一部分還是自己在每一步過程中的決定，想往哪裡去？形成什麼習慣？韁繩掌握在自己手上！

（4）行動可以改變大腦路徑

「行動造就性格，行動轉變性格」這是日本一種精神健康法的學派─森田理論的核心。

當我們發現自己的想法出了問題，這個「覺察」是關鍵第一步，也是改變的開始，非常重要。但接下來有些人會刻意努力地用意志力試圖「轉念」，身心承載著滿滿的情緒，要直接從「想不開」的源頭開工？談何容易！如果轉個彎，讓身體去做點其他事情，玩玩興趣、動動手腳、協助他人等，大腦被迫得轉換頻道，因為你的身體已經在別處了，思緒因此也要轉移到你在做些什麼，重複一段時間，不斷地行動，會發現沒時間去想的負面想法似乎淡化了，原來固著不變的念頭好像也尋不著了！

行動如何改變情緒或性格呢？對應到大腦的運作又是如何呢？當大腦感受到負面情緒或幻聽、幻覺，甚至是強迫意念時，大腦某區塊會特別活躍，不斷地釋放訊息，強化令人不舒

服的精神症狀。如果我們開始行動，而且持續地做不同動作時，大腦其他正常部位便逐步被活化起來，原來有狀況的小區塊，會因為用進廢退的緣故，漸漸平靜下來，那些干擾的負面情緒及幻聽、幻覺也會跟著慢慢弱化到消失。

許多專家認為有情緒疾病的人，應該要多休息甚至中斷學業或工作，到底是因為服藥後的身體反應，不適合從事活動？或是有其他更有依據的理由？不得而知。

反覆思索強化慣性

遇到挫折或不順意的事，我們習慣問「為什麼」，似乎瞭解怎麼回事，對事情的看法會因此改變，情緒就會得救。「為什麼是我？」、「為什麼我老是這麼倒霉？」、「為什麼他要這樣對我？」、「到底我做錯什麼？會有這種報應？」不斷地在事件發生後，反覆地問自己，或者問別人，這在心理學家的說法，稱這樣重複反問的狀態為「反覆思索」（rumination）（參考9），抱怨是反覆思索的表達形式之一。

事情發生了，很快就成為過去式，有些人的注意力轉移到別處，不再提醒大腦，漸漸就遺忘了事件內容。但有一些人會有反覆思索的習慣，殊不知，大腦因此強化慣性的程式，愈來愈難逃脫原先事件的感受及負面情緒，問題不但很難解決，而且陷入另一種困境，記得：反覆思索是問題的一部分，而不是

解決之道！

　　大腦重複問自己「為什麼」時，充滿不安及質疑的語言，會帶動身體情緒的反應，緊繃焦慮的壓力，會讓壓力荷爾蒙分泌，事件早已過去，思緒仍然杵在不安的情緒狀態，負面連鎖反應會讓問題擴大，很難收拾。

　　大腦的角色如此舉足輕重，與我們的人生順利與否息息相關，因此，瞭解它的特質，我們才有機會善用它。

大腦四大干擾情緒的慣性形態

1. 聽覺—意念干擾型：

　　這類干擾常見於強迫症的人，例如有些個案一見到垃圾車或遊民經過，腦中「髒」的念頭升起，非理性的雜念一直暗示自己，感覺手上佈滿細菌，無限地聯想。又如人際困擾的人，恰巧看到同學雙眼盯著他看，馬上直覺自己怎麼了，是不是看起來很蠢？對方是不是討厭我？類似鑽牛角尖的非理性想法，像數學的等比級數似地繁衍開來，外人無法理解，但這類困擾的人，縱使自己覺得不對勁，也很難理性地控制下來。

特徵：

　　念頭多、胡思亂想、怕雜音、怕被批評、自責、抱怨多、自我暗示、自我要求、矛盾想法（兩個想法打架）、幻聽

常見困擾：

　　當這個迴路不順暢時，所謂的 OS 會比較多，環境允許，講出來變成了抱怨，沒說出口的話或者衍生性的想法念頭像是會繁殖一樣，腦海裡源源不絕。如果這些是創意，鐵定會有許多好玩的事情或靈感發生，但通常是過多的揣測及擔心，因此造成困擾。

　　念頭多、胡思亂想之外，價值系統的特質影響，對自己的要求多，容易譴責自我，因此也會有兩個想法一起出現而產生的矛盾猶豫，很像內在撞牆系統。無法停止雜念，尤其非理性的雜念，想法容易鑽牛角尖。

　　另外，對於環境中的聲音、他人的言語或批評，會比一般人來得更介意，因此情緒易受干擾，嚴重的情形，如耳鳴、幻聽更是會讓人不舒服，形成另一種精神疾患。

好發情緒問題：

　　強迫症、幻聽（思覺失調症）、焦慮、憂鬱症、恐慌症、人際關係、失眠等。

重建**聽覺─意念**正向迴路，帶來的好處：

　　大腦雜念減少、不會過度負面預測、聽覺雜訊干擾降低、專注力提升、聚焦眼前問題、大腦思考效能提高、情緒傾向穩定、囉嗦反覆的狀況減少、解決問題能力提升、幻聽干擾減少、外界聲音干擾減少、活在當下的思考模式。

2. 視覺―回想干擾型

　　這個迴路的困擾會帶來「往事歷歷在目」的倒帶模式，就像憂鬱症、創傷症或是少數強迫症的患者，回憶的往事幾乎都是不愉快的事件，大腦因為像播電影般地重播某人或某事，免不了會有抱怨的習慣，甚至情緒掛鉤太深，變成記恨的可能性大增。

　　另外失眠患者如果有這迴路困擾的話，大腦很容易在睡前盤旋著過去不開心的事、白天工作片段、或者計畫未來的事，不論時間帶停留在哪，視覺影像是主要干擾因素，大腦關不了，自然就無法進入睡眠狀態。

特徵：

　　記恨（倒帶）、陳年往事常常盤旋不去、負面解讀過去事件、容易被事件畫面干擾、衍生恐懼畫面、預期不好演化事件、注意力不集中、幻覺。

常見困擾：

　　腦海中浮現的畫面，是這一型困擾者的典型特徵，過去發生過的事件畫面、臆測性的畫面、想像未來的擔心場景畫面等，都可能困擾當事人。因為內在視覺畫面干擾多，手頭上正在進行的事就容易忽略，就是所謂注意力不集中的狀態。

　　重複地倒帶畫面，如果再加上其他迴路干擾的影響，記得別人的不好或記恨，就不足為奇了。情況再嚴重一些，腦海裡常會浮現出不在現實中的畫面，若與旁觀者互動，就很容易被

覺察有「幻覺」的症狀。

好發情緒問題：

創傷症、憂鬱、強迫、恐慌、思覺失調、失眠、恐懼症、記恨等。

重建視覺—回想正向迴路，帶來的好處：

回想倒帶往事頻率降低、想法朝向正向、容易客觀正面看待事物、減少記恨情緒、創傷症狀減輕、生活傾向樂觀。

3. 觸覺—情緒干擾型

容易暴怒的人，遇到不順意的事，迅速啟動緊繃的大腦，爆發力很強，情緒瞬間爆炸！而焦慮患者則經常處於慌張的頻道上，隨時準備要發生什麼事的樣子，就像箭在弦上等待隨時彈出，相當緊繃的大腦。

特徵：

容易焦慮、莫名慌張、生氣、煩躁、急躁、緊繃備戰狀態、無力感、缺乏動力、拖延。

常見困擾：

大腦習慣性緊繃，總覺得要發生什麼？或下一步該做什麼的慌張感，莫名緊張、急躁甚至煩躁，似乎經常處於備戰狀態。因為持續拉緊的神經，縱使回到安全無事的時空，也會呈現已經無力的能量狀態，所以缺乏往前衝的動力，遇到該做的

事，因為慌張焦慮，而無實際行動去消耗緊繃的負面能量，往往會拖延誤事。

好發情緒問題：

　　過動、暴怒、躁鬱、急躁、毒癮等。

重建觸覺—情緒正向迴路，帶來的好處：

　　不急不躁的穩定感增加、衝動行事的頻率降低、緊張程度緩和、心情容易平靜。

4. 認知—執著干擾型

　　有強迫症者的特質，普遍可觀察到的個性偏向執著、頑固，自認為對的就是對的，很難有彈性，即使旁人覺得不合理，他們絲毫不太會動搖，現實生活與自己內在想法有很大差異。個性傾向焦慮的人，往往因為堅持自己內在的標準，與現實的狀況明顯衝突，不願妥協而產生更強的焦慮。容易暴怒的人，如果他人不順著自己的想法，沒有彈性地執著，情緒激動產生暴衝，很容易失控。

特徵：

　　執著、頑固、心裡許多「應該」，不容易被說服、自我為中心、放不過別人、易怒。

常見困擾：

　　堅持特有想法，不想被外來看法影響的明顯個性特徵，傳

統說法就是「固執」，原來是心裡過多的「應該」，不一定有堅持的合理解釋，就是毫無來由地這樣應該，不容易接受別人的看法，雖然很有主見，但容易傾向自我為中心，不容易溝通的感覺。因為堅持自己是對的，容易不高興而動怒生氣就會是生活常見的情緒。常認為別人錯了，如果加重其他迴路干擾，放不過別人或記恨也會是常見的負面情緒。

好發情緒問題：

暴怒、強迫症、焦慮等。

重建認知—**執著**正向迴路，帶來的好處：

固執程度下降、做事的彈性增加、包容性接受度提高、比較不計較、容易放下情緒、抗拒心、忌妒心變弱、放鬆能力提高、容易想得開。

大腦的學習是靠著形成新的大腦迴路，並強化或弱化現有的迴路，大腦會選出以前學過且應該保留的經驗（參考1）。而刻意聚焦的冥想練習，會讓大腦重新建立新的慣性，減少負面預期、沒有多的雜念、不過度堅持，思考方式自然調整到正向的頻道。

CHAPTER IV

心腦重塑步驟四、正面能量

——如何加強？

預防負面情緒侵擾的最強免疫力，莫過於正面能量！

關於什麼是正面能量，你可能的疑問

1. 什麼事都順利，為什麼就是快樂不起來？

2. 只要能有錢（漂亮），就會快樂嗎？

3. 如果別人肯定自己，就會產生自信？

4. 我已經這麼努力了，怎麼別人還是不認同我？

5. 沒有心情不好，做什麼事，卻都提不起勁？

6. 即使休了長假，也沒有辦法感到輕鬆？

　　每個人一生中不論原始條件如何，總會有一些日常小變化，偶爾來一兩個大挑戰，能不能心中不起大波瀾，迎刃而解，自在度日，很關鍵的能力絕不在學歷、職位、家世背景、經濟能力、貴人多寡甚至有多少人脈呵護支持，自身的核心力量來自於我們內在如何堅實地對外界反應，從容自在地處理面對我們周遭，迎向我們而來的大小事。

　　如果原來舊疾傷口已清理、痊癒，看起來沒有「不健康」的狀態，那還缺乏什麼？

負面情緒沒了，未來就沒問題？

「沒有不健康」不一定等於「健康」，當未來遇上情緒亂流來襲或病毒肆虐，是否可以全身而退，這才是真正顯示健康的指標吧？

情緒疾患的困擾已隨著過去不舒服記憶的淡化、負面情緒消除、大腦開始朝向正面的習慣行駛，要說還有什麼苦惱，似乎也談不上，感覺已達到生活可以自在的狀態。大抵上，一個人如果到這樣的情境，我們即可宣告他結束治療，可以自助了。

心靈狀態可以提高情緒免疫力？

如同一個舊屋，裡頭的髒污垃圾已清除、水電管線也已汰舊換新，理論上住起來應該沒什麼問題，但是如果可以重新裝潢粉刷，木結構及水泥重新砌牆做過，是不是更是讓人耳目一新，而且新結構抗性對於外來的侵擾是否更具有抵抗力呢？

這裡談到情緒處理的壓軸—預防未來—正面能量加強。許多情緒困擾的個案，原來像熱鍋上的螞蟻般地焦慮不安，當前三個步驟（創傷、情緒、大腦）處理完，只要稍加練習，幾乎八成以上，可以自在地生活了。但是，我仍然要強調最後第四

步驟的重要性，如同前述的譬喻，如果這次的疾病已經處理過關，縱使安心或安全，卻無法保證長久可以如此，對於未來各種環境考驗的狀況，我們的「免疫力」又如何呢？

　　未來的挑戰會在明天、後天出現，決定我們能不能長保幸福快樂的關鍵，在於我們如何因應它們，而且不受負面影響，甚至讓它們成為滋養生命的養份，最關鍵的天賦就是—正面能量！

「正面能量」提升心靈，它的作用是？

　　環顧你周邊的朋友、同事或親人，是不是有些人不論遇到什麼狀況，總是處之泰然，或快速因應不著痕跡呢？再仔細推敲一下，他們的特質是否有下列關鍵字眼：

　　擁有自信、充滿快樂、非常放鬆、具有安全感、容易感恩、很有動力……

　　不只有，也許還不只一項，同時有多項特質的人，在生活中通常可以輕鬆以對，碰到麻煩或困難，似乎也不見愁眉地過關斬將，因此我總是喜歡稱這些特質是我們情緒的「免疫力」，在人生旅途上，隨時強化它們，讓它們成為我們內在的力量，不僅平時散發一股從容自在的氣息，真的遇上挑戰，更是能顯現水手的腕力，不再製造挫折創傷，不就像讓我們身體免於疾病的情緒「免疫力」嗎？

　　正面能量除了給我們許多生活的正面感受外，與負面能量同樣帶給身體不同的生理作用。負面情緒來的時候，如前述，身體不同「局部」會有不舒服的症狀；而擁有正面能量時，身體卻是「全身性」地充滿能量，蓄勢待發的美好感受。

正面能量有哪些？

　　自信：知道自己有什麼長處，也充分瞭解不足之處，接受自己不OK的部分，因此如果別人對待方式有不合理之處，自信的人會客觀對待，較不會陷入自責或自卑的情結裡。

　　與自傲不同，自信是一種內在力量，相信自己有能力做到，即使遇到不熟悉的事物或挑戰，願意接受面對挑戰。因為是內在發出的力量，與自傲因為長相、財力、地位等物質條件所烘托出的外來信心，是非常不一樣的。

　　快樂：是一種類似滿足，帶有溫馨感受的正面情緒。快樂的人比較不易拘泥在小事，容易大而化之，縱使不順心的事情遇到了，也比較會輕易讓它過去，因此多維持在開心的頻率上。

　　放鬆：橡皮筋持續拉緊時，反而不容易維持彈性，人也一樣，如果處在放鬆心情下，大腦與心情的心識頻率是穩定的，

當環境起變化時，有彈性而不容易斷裂。

安全感：近似勇氣的一種正面情緒，不畏、不懼，面對環境不穩定或變動，甚至獨處，也不會害怕或焦慮。安全感讓我們覺得有什麼可以讓生命倚靠，就像自己身體裡面的軍隊非常地強健有力，讓我們可以不害怕生命中的改變或突然發生的危險。信仰帶給人們的就是這種安全感的能量。

動力：解決事情的必備能量，有了動力，就不容易拖延、猶豫不決，因此有了解決困境的趨向力、行動力，做事會有熱情及快樂感，有年輕活力。許多人有理想但缺乏動力去實踐，有了動力能量，會有一股熱情從內在鼓舞著自己，一步步去完成夢想所需的步驟，實現的力量來自於此。

感恩：看到事情或人物的優點，放大事物的好，縮小壞處或缺點的一種崇高心智狀態，科學證明，感恩的心會促進正面荷爾蒙的分泌，幫助舒壓及促進健康。

常見負面情緒，需要哪些正面能量？

每一種不舒服的情緒下，探究到底，背後一定有他想要的正向意圖，這是 NLP 的基本概念。一個發怒難抑的情緒，是

一種內心深沈需求的表達，因為環境情況不順應自己的想像，最終以生氣來宣告外人。正面能量可以填補的部分，便是那內在深沈的需求，一旦這種需求被滿足了，情緒的表達即可以趨向平靜而溫和的方式，不僅有助於大腦用來解決問題，對於未來也不再製造壞經驗或記憶，心腦兩利的重要資源。

以下列舉常見情緒所需要的正面能量：

易怒：自信、快樂、安全感

焦慮：安全感、自信、動力、快樂

沮喪：安全感、自信、動力、快樂、感恩

難過：安全感、自信、動力、快樂、感恩

急躁：自信、快樂、放鬆

恐懼：安全感、自信

孤單：安全感、自信、快樂

奇怪為何那麼多種負面情緒，都是缺乏類似的正面能量？其實這是反過來說明正面能量的影響力。不論自信、安全感、快樂、放鬆等正面能量，想像它們像是一棵大樹的根部連著莖部，主幹將樹穩立於土地上，來自四面八方的東風、南風或其它侵擾，像是我們遇到不同的困難一樣，只要中軸主幹站得穩，就不容易被強風暴雨打倒，如同我們遇上有令人生氣的、感傷的或緊張、害怕的情境，內在的核心能量具足，縱使初期情緒會稍不舒服，很快就可以回到穩定的頻道，就像台語俗諺說的「樹頭若站乎在，不驚樹尾做風颱」，要自在地生活，靠

的就是正面能量！

情緒太多　正面能量進不來

　　一位在補教業做業務的年輕人，在來診的初期，急切地告知要趕快幫他加強自信，頭腦清楚地知道「自信」非常重要，他也表明工作上的諸多問題都與他缺乏自信有關，包括同事間的人際關係、客戶接洽的應對、與主管的溝通等，如果他有很棒的自信，就不會挫折這麼多，感覺糟透了！

　　在情緒處理的因果邏輯上，如前述房屋裝潢的概念，自信屬於正面能量，總是在最後情緒、大腦的慣性程式都調整好，才會「施工」。如果有許多過去的創傷、不舒服的情緒、負面想法，要勉強施工，會像女孩子化妝一樣，臉上長了許多青春痘、皮膚脫皮嚴重，卻想把妝粉無瑕疵地蓋上去，讓人看不出痘痘的存在，且皮膚光滑細緻，這確實有困難。

　　正面能量無法建立在負面能量的迴路上，就像焦慮的人很難有自信；容易害怕的人顯不出有安全感的樣子；動不動就生氣的人似乎很難令人相信他能放鬆。

我們總是附帶「條件說」

　　令人期待的自信、勇氣、放鬆等等的能量特質，讓一個人

表現得從容有氣質，人人都想擁有。但是，往往會在某些前提之下，似乎有條件才會有那些正面能量特質，因此有一種造句，常常發生在現實生活中，看看以下例句，你是不是也會這麼說？

只要我有～Ａ，我就會有～Ｂ。

如果我能～Ａ，我就會感到～Ｂ。

只要他對我～Ａ，我一定會覺得～Ｂ。

看看我們常聽到的說法：

只要我有「漂亮的鼻型」，我就會有「自信」。

如果我能「有一個壯碩的男朋友」，我就會感到「有安全感」。

只要他對我「慷慨大方」，我一定會覺得「快樂」。

「Ａ」的條件成立，「Ｂ」的「自信、安全感或快樂」才能得到，而 Ａ 所代表的是一個人的渴望、不足，甚至是一種慾望時，它們顯得如此不牢靠，當條件不在或不夠吻合時，後面所謂的正面能量就會消失不成立，那就不是真正的核心能量！

為了「漂亮的鼻型」去醫美診所做了手術的年輕女孩，剛完成的初期，信心滿滿，覺得自己終於顯得完美漂亮了，維持這樣的「自信」約半年。某一天，她又開始不安，因為聽到別人對她的評價：嘴唇太薄，不夠性感！於是頻頻照鏡子端詳自己，懷疑著是不是真的很薄？要不要再去醫美中心處理一下，

讓自己更有「自信」？

　　像這樣的案例層出不窮，依賴外人的評論或表象的形體，所產生的虛有「自信」，很容易就被攻破，幾乎毫無內在的抵抗力。

正面能量增強是應對困難的轉換能力

　　當核心能量俱足時，外力不是很能侵擾我們。一個自信的人，基本上你要他說明為何自信的理由，也許他無法一下子說清楚，毋需「條件說」，一種對自己的真實把握，從內在的篤定感而來，如同訓練體能的核心肌群一樣，核心能量的堅實感受，很難被外在因素擊破。

　　一個充滿感恩能量的人，遇到令他覺得不舒服的場景時，轉念的速度也會讓他容易看見事物的機會，擔心、害怕、焦慮的負面情緒大大地減少，生活時光裡可以從容自在的空間多了很多，這是一種非常重要卻很容易被忽略的正面能量，也是一般門診個案中最不被重視或欠缺的核心能量。

　　許多初次來診的個案會像上述的例句，急切地表達他們的需求。但那些都不是我這樣協助者的角色可以給的。而我更想讓他們了解，正面能量絕非依附在外來物質，或別人是否給予的條件上，建立在非自己可以掌握的外在環境，就不屬於所謂「核心能量」可以帶來的身心滿足。

正面能量幫助自律神經平衡

核心能量即是前面提到的正面能量，當我們感受到自信、快樂、感恩等好感覺時，它會影響到我們自律神經系統，降低作戰系統（交感神經）的活動，同時增加放鬆系統（副交感神經）的作用，整個身體得到的好處包括：減少壓力荷爾蒙、提高免疫能力、降低血壓、減少四肢痠痛等健康的許多益處，遍及全身，雨露均霑（參考7）。

正面能量如何 DIY 加強

NLP 的技巧&作法：

一、卓越圈

如果你需要更多的自信，可以重溫過去的感覺，然後強化正向的能量，請依照下面的步驟來取得正面能量。

1. 過去的自信經驗：找出過去某一刻曾經擁有非常大量自信的自己，閉上眼睛，回到記憶中那一時刻，看到當時的自己身上的穿著及表情，還有周遭的人是否帶著羨慕的表情在看著自己，帶著卓越表現的成果，聽聽有什麼重要人物在稱讚自己，感覺自己充滿自信的能量。

2. 建立卓越圓圈：當你感覺到卓越的能量逐漸生成，想像在

你面前地板上約一步距離，有一個圓圈，充滿與自己類似的能量，感覺它會是什麼閃亮的顏色？什麼溫度？可能會有誰在說激勵的語言，在這圓圈裡建立充滿自信的能量。

3. 跨進卓越圈：當你帶著卓越的感覺，也建立卓越圓圈，請你跨進卓越圈裡讓自信的聲音放大、溫熱的能量加強、充滿能量的光更亮，讓這個圓圈形成充滿能量的膠囊包圍著自己，也讓這個能量在胸中運行。

4. 強化及運作：當需要的時機，想像讓自信的膠囊包覆著自己，時常運作讓膠囊與自己連為一體，讓裡面的溫度及亮度提升，在需要的情境可以將膠囊擴大包覆它，想像充滿自信的內在與外在，即可以讓事情順利完成。

二、正面能量迴路

設定這種正面程式前，一定要確定負面的情緒及想法已清除，當過去的壞經驗不再干擾、情緒及大腦也已走向正向的習慣時，我們才能設定可以給未來，源源不絕的正面能量的程式。

最後的工程建立在情緒及大腦正向迴路上，要將原先阻塞而影響的老問題先排除掉，再引用過去潛意識的資源狀態，加強自信、勇氣、安全感、動力、放鬆及感恩的正面能量。

這些設定需要由受過訓練的 **NLP** 執行師來操作，正確的

迴路才能幫助我們建立未來的情緒免疫力，讓我們可以自在反應充滿變化的人生，精彩各異、陰晴不同的日子。

三、迎向挑戰，創造成功經驗

這不需要任何人教你技巧，只要不選擇待在舒適圈裡，遇到挫折挑戰，自己試著想辦法解決，一個人不知如何，可以找資源，查詢許多啞巴老師——工具書，或是請教長輩或前輩，大量動腦思考解決策略，或者模仿成功者的行為模式，當事情完成，不論輸贏，賺得了經驗，對自己的看法會很不一樣，改變原來一成不變的生活模式，會發現更多深具潛力的自己！

你常見到的成功者，他們都不是原來就這樣令人欽佩的，例如：

人生不設限的 力克・胡哲、到非洲行醫的連加恩、美國職籃的林書豪等。他們可能自願或非自願選擇了一條崎嶇不易的人生道路，在讓別人矚目前，挫折、失敗不知累積了多少才有了成功的機會，一路上與自我的挑戰，激盪出自信、動力；對於非僥倖的成功，培養出對他人的感恩；因為知道如何付出得到收穫，充滿了篤定感、安全感，這些點點滴滴的核心能量的累積，不假外力紮實地與生命共存，成了未來人生重要的永續資源。

在我們追蹤許多透過這套四步驟結案的個案中，發現當他們排除過去的問題，練習正面能量迴路的冥想一段時間後，很

高的比例都會回饋我們一個重要發現，運氣愈來愈好了！其中令人驚嘆的故事不斷地發生！

　　最後，我要恭喜那些因為環境的考驗，磨練造就出自信、快樂或感恩能量的人，因為擁有這些特質，縱使過去道路坎坎坷坷，充滿荊棘，也會有否極泰來的美好感受。

　　而如果你是透過訓練（包括正面能量迴路練習）由潛意識湧出的正面能量，根據吸引力法則，好運會跟著你，讓自己變得更正向，不僅僅自己自在，障礙不再，讓自己變得更好是對周圍親友一種最美好的餽贈！

第二部

心腦重塑
處理十大情緒問題

CHAPTER I

失眠篇

　　「失眠」是許多情緒疾病終究會經過或演化的結果，也是心腦失控的求救訊號。因此非慎重其事地討論不可。

失眠的個案故事一　恐慌衝擊，夜不成眠

　　阿雷是很典型緊張特質的上班族。從小身型瘦弱，求學時期就已經表現出容易緊張的個性，還好頭腦反應快，大小考試都能應付得不差。畢業後進入會計師事務所，每天與數字為伍，絲毫不能出錯，壓力大的影響，仍舊維持瘦弱體型。這幾年步入中年，發現血壓上升，開始擔心身體健康，常常懷疑是不是有心臟病。

　　一年前某個半夜突然胸悶心悸，接著恐慌發作，從此害怕睡覺，很擔心半夜又怎麼了！安眠藥服用初期似乎讓他比較好睡，減少他害怕血壓或恐慌的問題，但服用時間一久，藥量逐步調高，引發他的另一個擔心：吃那麼多藥，以後身體會不會囤積很多毒素？

　　恐慌的發作也因為他對身體的擔心、對藥物的恐懼，竟頻繁地發生，在多重壓力下，終於求救……

失眠的個案故事二　馬不停蹄的大腦

　　小泰是個很有企圖心、責任感很強的高階主管，剛過四十的年紀，工作表現已經非常亮眼。積極的個性，時常腦中都在規劃工作的事，下一季、明年目標等遠景，連假日陪伴家人時，大腦也很少停下來休息。

　　這習慣養成可說從年輕時就開始了，18 年前才踏入職場不久，就投入需要動腦的工作，老是牽掛著工廠的所有流程，要怎樣可以更有效率，認真不辜負老闆所託，也因此養成每晚睡前還在思考工作的習慣，停不下來……就是停不下來。萬一遇上工廠有狀況，那就更是沒完沒了。因此年輕時，就開始有睡眠障礙。

　　曾用過安眠藥，卻對藥物所帶來的昏沈感很排斥，讓他大腦無法清晰地思考，所以失眠歲月雖然很長，但用藥歷史卻不久。睡不好的困擾仍需要解決，不想用藥竟轉而藉助酒精來「助眠」！

　　每當不容易入睡，就喝個紅酒，頭腦覺得醺醺然有睡意，才可好好睡覺，長期下來後，酒量似乎愈來愈好，發現酒精量愈喝愈多才能有那微醺的感覺，半昏半睡之間，睡得並不深沉，第二天上班精神不濟，心裡漸漸盤算著，恐怕不吃藥改喝酒仍然非長久之計……

失眠的個案故事三　喪親陰影，每晚侵襲

　　淑惠很年輕時就因故成為單親媽媽，多年來靠著自己辛苦工作，撫養兩個孩子，好不容易長子就快要畢業，可以上班工作了，卻因為憂鬱症連學業都暫停，原來在藥物的控制下，尚可維持他心情的平靜。但自從電視報導某諧星自殺的新聞後，心情起了連漪效應，某天她下班回家竟發現兒子也走了！剛過20 歲的生命即匆匆與她不告而別。

　　從此，情緒崩潰的她雖然勉強維持白天的上班工作，到了夜晚內心深處的傷痛，只能獨自面對，每每到了要入睡時，一闔眼便見到兒子的最後身影，情緒又開始翻攪，幾乎夜夜無法順利成眠⋯⋯

失眠問題的解析

　　探討失眠的原因之前，先來定義一下，什麼是好的睡眠？理想的睡眠，應該具備什麼條件呢？入睡容易、睡得深沈、少夢、清醒精神好！我們會覺得「失眠」，往往是缺少了上述四個條件其中幾項，例如：很難入睡、淺眠、多夢、起床倦怠，甚至是全部。

　　其中，「入睡困難」是失眠患者中感受痛苦指數最高，也是最多人困擾的失眠問題，像是被睡神拒絕門外，即使不再有

力氣繼續工作，不想站著或坐著，已經躺下了，竟也進不了完全放鬆的安眠境地。

　　每個人幾乎都有機會失眠，因為一件突發事件，造成一、兩天的短期失眠，事情解決了，睡眠會漸漸好轉回來，大腦及身體並不會因此而有損傷。睡覺原來就是一種自然的本能。但是，如果因為偶然的失眠，大腦擔心的情緒無理地擴張，心情焦慮，認定睡不著覺會傷害身體，是不是以後就睡不著了？這一些想法反而讓自己陷入更大的問題，例如因此開始服用安眠藥，睡覺的本能被化學藥物取代，連續 7-14 天下來，沒吃藥就完全沒有呵欠、毫無睡意，這就是長期失眠的開始。

　　「失眠」談不上是十大情緒疾病，卻是許多情緒疾病終究會經過或演化的結果，或終於失控警鈴大響的求救訊號。因此非慎重其事地討論不可。

　　失眠原因的探討會是一個複雜工程，坊間多的是「失眠」單一主題的專書，這裡會簡單地點出問題，因為多年來不用藥處理失眠，非得在每個困擾個案身上，找出他們真正失眠的根源，才能對症解決（非對症「下藥」）。

失眠的原因

（一）創傷事件

　　過去一直都睡得還不錯，或有一些是長期睡眠偏淺的，但從來都不算是真正失眠患者。

　　當生命的無常來的時候，衝擊情緒太深，導致無法入睡或半夜突然醒來。哪一類單一事件會影響如此巨大？比較常見的例如：失戀、失業、失婚或失親等人生重大的失去，或是重大災難事件，如 911 地震、八八風災、或火災等等。平常日子裏瞬間被抽掉了什麼，或顛覆了習慣的存在方式，安全感強烈地被挑戰，人生被剝奪感高漲，這些打擊的源頭都是由事件引起，強大壓力的情緒下，造成後續的失眠反應。

　　事件多大會造成影響？不一定！個人解讀及因應事件的習慣不同，也會產生不同的結果。除了一般人認定的重大事件以外，有些人常會因一些小事做了很多的聯想，或衍生災難式的連結而引起失眠，同樣可歸類為事件影響下的失眠。

（二）負面情緒膠著

　　生活中人與人的接觸，工作中處理事情的壓力，多少會帶來一些不好的情緒，緊張、難過、生氣、傷心等，說不上是為

了多大或多具體的理由，點點滴滴、大大小小負面情緒的累積，到了晚間睡覺時刻，終於可以和外界休兵的時候，只剩下情緒還殘留著，短暫不容易入睡還好，連續幾天不好入睡，就在原來習慣的負面情緒以外，再追加另一層擔心睡不著的焦慮心情，雪上加霜的複雜情緒，終究將人推上長期的失眠一族！

（三）停不下來的大腦

晚上睡眠的意義，不單單為了身體要休息，整天不斷接收外在訊息，處理、解讀、判斷等等，忙個不停的大腦，到了夜晚，終於到了它也要關機休息的時候，這就是生物界身心同步修復的偉大手段──睡眠。但偏偏有些人的大腦停不下來，忙些什麼呢？

（a）倒帶過去──

回想過去的記憶片段，不論是懊惱、不開心的，或是美好快樂的，同樣會讓大腦無法關機。

（b）擔心明天──

對於還沒發生的事情，因為過於擔心，做了相關的負面假設，多半會引發不舒服的情緒，更多的推論，引起焦慮的情緒，大腦更是無法停下來休息。

（c）計畫未來──

一些原來學業或事業表現不錯的族群，很容易有這樣的習慣。習慣不浪費時間，提早敦促自己做計劃，即使到了上床時

間，仍然不想錯過，更有某些個案，從小覺得睡覺是浪費時間的事！到了身體呈現疲累失電，大腦卻多工交織，嚴重一點，無法煞車的話，會愈想愈興奮，身心不能同步放鬆，完全入不了眠。

（d）忘記怎麼睡——

　　人類天生就會睡覺，小寶寶不必教，人人會睡。隨著年紀增長，有一群成年人會忘記怎麼睡，自然睡覺的本能被安眠藥取代，天天睡前吞了藥物，做了大腦加工的作業，一段時間下來，沒有藥物時，大腦變得無法自動關機，短期睡不著於是演化成長期失眠。

　　除了以上主要造成無法好好入睡的原因，另外還有其他次要的生心理因素，影響了正常睡眠模式。

（1）生理時鐘誤差

　　某些出國旅行的朋友，因為調整時差不恰當而造成短暫失眠，通常不必擔心，慢慢調整到當地作息時間，很快就可重新好睡。比較需要注意的像夜間工作者、熬夜的夜貓族、甚至白天已經睡了不少午覺的銀髮族，這樣日夜顛倒都可能會使睡眠週期紊亂，導致生理性失眠。

　　正常的晚間睡眠，身體會分泌助眠的荷爾蒙，幫助我們產生睡意而進入睡眠週期，但如果因為工作、午睡過長、熬夜電玩、歌舞玩樂、或股票看盤，違反平日週期性地分泌習慣，荷爾蒙就很容易被打亂該作用的時間，加上大腦興奮狀態無法快

速平息下來，也因此不容易入睡或深睡。

（2）特殊生理疾病

重大手術後的不適感、外傷帶來的疼痛，以及不寧腿*、鬼壓床*、呼吸中止症*等，都可能會造成睡眠干擾，無法深睡的問題。除了暫時服用安眠藥幫助入睡外，找出干擾的原因加以處理，才是解決之道，而非長期依賴安眠藥劑。

（3）情緒問題續發失眠

許多來診的患者，一開始就有兩類的問題困擾，一是情緒，如焦慮、恐慌、憂鬱或思覺失調等，另一個問題則是失眠。情緒與睡眠兩者之間，不僅僅有關係，而且是因果關係，因為憂鬱所以失眠；因為恐慌所以失眠；因為創傷所以睡不著；因為幻聽幻覺干擾，所以睡不好。

情緒疾病通常是原因，失眠是結果，但因兩者都帶來極大的生活壓力，同時擔心疾病，再加上晚上睡眠品質不佳帶來的精神狀態，就成了惡性循環、雪上加霜的複雜問題。

失眠心腦重塑四+一步驟

沒有特效魔術可以快速解決失眠問題，如果你要說安眠藥不是可以嗎？我的回答是：那不是解決！可能是另一種藥物的依賴，沒了藥不能入睡，是控制而非解決問題。

人的大腦是很懶惰的器官，除了將所學的事自動化之外，

失眠時藉助安眠藥，兩週後大腦即臣服於它，因為有了它，睡眠中樞就不必努力讓大腦睡覺，反正，只要幾秒之間，藥吞了下去就可以像睡著了似的。一旦一天一天這麼做，約莫 7-14 天，被藥物代工的結果，大腦負責睡眠中樞的區域就怠忽職守到忘了自己的職責，睡覺的「本能」就不見了，入睡前呵欠連連的昏沈感消失了，任由大腦混亂運作，左思右想，反正那外來的安眠藥會協助進入夢鄉，它會讓你非它不可，像嗎啡般成癮，一旦沒了它，就鬧脾氣，不輕易讓你睡，更強的焦慮感會迫使你投降，攻城掠地，大腦最後一定舉白旗……

一個關於安眠藥的小故事：

有一位長期服用安眠藥入睡的老伯伯，每天睡前他的太太都會貼心地送上安眠藥和開水，然後陪著他入睡。

一天，安眠藥用完了，他的太太照例去醫院幫他拿藥，醫生簡單問診了解狀況後，好意地開了最新型的安眠藥處方，沒多久，那位太太氣呼呼地跑回來，質問醫生：為什麼要給他先生換藥？醫生微笑著說：這可是最新最好的安眠藥喔！比較沒有副作用。那太太還是生氣，再問：那你為什麼要換成錠劑嘛？這樣我怎麼把膠囊裡的藥換成麵粉啊？

哈～哈～原來……

註：

*不寧腿

　　不寧腿症候群，通常分為生理性及心理性。症狀是晚上頭腦有睡意時，雙腳（或手）會有癢、刺痛、抽搐等症狀，無法靜靜地躺著，容易起來走動而影響入睡狀態。

*鬼壓床

　　即指「夢魘」，它是一種恐懼的夢境體驗，大致會發生在經歷一段高度壓力的階段，感覺像在惡夢中驚醒，大腦醒了而身體還在睡，意識會覺察到自己無法動彈、張開眼睛想呼救時也叫不出聲音、想逃離身體卻無法動彈，保持放鬆，休息一下就會復原了。

*呼吸中止症

　　睡覺時習慣呼吸暫停式地打鼾及張開嘴巴地呼吸。好發於長時間久坐不運動形成肥胖的身軀，腹腔內的脂肪在平躺時壓迫胸腔的空間，加上睡覺時呼吸會變得較短淺，長期下來呼吸空間變小、力量減弱及平躺睡覺時肌肉鬆弛，舌頭自然往咽喉下沉而阻塞呼吸，在睡眠時重複地停止呼吸，稱之。

自然入睡 vs 安眠藥加工睡

自然睡眠	安眠藥睡眠
身體大腦同步放鬆	大腦好像進入睡眠狀態
深層睡眠	淺層睡眠
大腦深睡全身放鬆	大腦淺睡身體不一定放鬆
本能入睡	加工入睡
睡醒頭腦清醒精神好	醒來精神仍倦怠

　　睡眠是人類重要生存機制，自然的熟睡可同時讓身體及大腦恢復元氣，深沉睡眠的意義，不僅幫助身體器官進行修復、自律神經平衡、更能促進大腦的記憶力，有利生存。近期許多腦科學研究甚至發現，失眠不但不利於身體健康，影響大腦的功能，造成阿茲海默症等失智症的風險大增。而安眠藥因為無法讓大腦深睡，等於間接讓失智症風險增加。

　　失眠原因有短期造成的，大部分是長期間累積的，要徹底解決問題，必須先瞭解睡眠模式，掌握失眠者在哪個環節出了問題，大腦在做什麼？情緒如何？是否有畫面縈繞？身體的感覺是否緊繃？

　　十個失眠者不會只有一種解決方案，某些型態雖然類似，各種失眠都有它關鍵性因素，如何衡量輕重緩急，恰當順序處理解決的步驟，仍然各有不同，以下是以一般常見的策略來探討。

一、縈繞傷感回憶優先處理

因為失戀、喪親的情緒多半很強，表面上看到的都是他們的負面情緒，真正情緒的背後，其實是一堆的回憶畫面在觸發傷感的情緒，強大的傷痛記憶，常烙印在腦海中，閉上眼睛，記憶情節立即浮現，雖然時間久了，仍然栩栩如生。

因此通常優先將事件記憶利用 NLP 的技巧，例如在創傷記憶章節中的「改變過去歷史」DIY，將記憶畫面做淡化處理，即將情緒強度很大的回憶畫面，做中性化處理，變得像一般事件的儲存模式，時間一久，漸漸會不容易想起來，就淡忘了，情緒較不容易隨之起舞。

當然，有一小部分的人，不舒服的畫面是來自擔心自己，例如睡不好、生病、孤單等等，縱使畫面不一定真的發生過，因為擔心而產生臆測畫面，而畫面讓情緒很糟，也會列入優先處理的順序。

二、調整情緒到放鬆的頻道

睡覺時不需要哪一種情緒？悲傷、焦慮、生氣、沮喪、難過？大家都知道這些負面情緒會干擾睡眠，但若不強烈或偶爾發生，短暫影響睡眠的情形是無需擔心的。但若持續累積，時間久了，演化成長期習慣性失眠，問題會有雪上加霜地複雜難解。

　　反問，睡覺最需要哪一種正向情緒？快樂？興奮？也不是！太 high 了！情緒頻率太高漲，也不利睡眠。

　　當我們的自律神經中負責白天作戰的交感神經過於作用時，晚間準備讓我們可以休息放鬆的副交感神經就不容易好好發揮功能了。睡覺前最需要的就是放鬆，副交感神經在放鬆狀態讓我們大腦休兵，準備進入保養階段——深沈睡眠。

　　常見干擾睡眠的情緒有三種：

　　一、事件帶來的悲傷、恐懼、生氣等負面情緒

　　二、白天長期緊繃的壓力

　　三、擔心睡不著或擔心用藥的焦慮情緒

　　不論哪一種，最常見的失眠情緒，就是焦慮！

　　負面情緒的累積，不僅帶動大腦負面聯想，讓我們無法靜下來好好入睡，它還會牽引過去的記憶，連動反應像循環鍊，透過我們身體容易蓄積情緒的兩大槽穴——「情緒區」——胸腔、及「感受區」——腹腔的情緒迴路冥想練習，身體逐漸清除過去累積的負面情緒能量，睡不著的心跳感或胸悶的感覺，也會隨著練習，焦慮感隨著身心放鬆而逐步減弱。

　　練習過程中，放鬆的感覺會讓我們的大腦也因聚焦在冥想練習中，而不再翻箱倒帶過去的記憶，漸漸地身心一起放鬆進入可以休息的狀態。

三、平息躍動的大腦

不管是哪種型態的失眠，初期多半是由情緒引發。一段時間後，大腦形成某種習性。例如故事一的阿雷及故事三的淑惠，睡前習慣浮出創傷記憶，之後依此衍生負面想法，讓大腦無法平靜地放鬆入睡。

最有利睡眠的大腦狀態，就是平靜近乎休眠的穩定大腦。可惜的是，多數失眠者當躺在床上時，疲累一天的身體終於靜躺下來，注意力從外在世界回到自己身上，大腦像是又要開始工作的狀態，不是職業上的工作，就是讓人心煩的個人事件居多，跑來跑去像脫韁的野馬，你愈想讓它平息安定下來，它愈不從，愈是活躍躁動，想東想西，不是過去的懊惱，就是擔心未來，好不容易頻道調到眼前，就開始注意到怎麼還沒睡著？以後怎麼辦，一直睡不著會變怎樣？

不僅如此，近年來，智慧型手機盛行，改變了許多人睡前的習慣。玩手機遊戲注意社群動態等，大腦處在興奮狀態，甚至恐怖、感傷、憤怒等負面情緒中。等到累了，關了手機，大腦卻關不了，胡思亂想不停歇。

亂想的習性一旦養成就很難擺脫，安眠藥初期可以抑制它，後期愈想愈多加上安眠藥的藥效減弱，就會出現「身體在睡，大腦醒著」的淺眠狀態。

找出大腦的放鬆迴路，改變原來習慣的焦慮路徑，依據個

案習性，設定不同解決問題的迴路，透過冥想練習，大腦就會逐步放鬆，擔心的強度也會隨著練習的頻率而愈來愈弱，不焦慮、不擔心或者不緊繃，就是已經在大腦逐步放鬆、平靜、在有利睡眠的路徑上，進入關機入睡模式。

四、穩定的正面能量

在情緒調整到不論白天夜晚都可以較放鬆，大腦迴路也可以幫助白天的想法不會過於擔心或胡思亂想之後，循著這些設定好的迴路，晚上則增加安全感及放鬆的平靜能量。

經常習慣這些正面能量，白天做事時不僅能從容應對，不讓交感神經太過激烈運作；晚間休息能真正放鬆，讓副交感也能充分平衡，晚上深沈放鬆的睡眠才能真正穩定有品質。

唯有好的睡眠品質（深沈睡眠）讓身心同步健康外，許多想法也會趨向正面。

縱然偶爾一、兩天睡得不理想，也不會因此大驚小怪，再度陷入焦慮擔心的負面情緒中，因為大腦走向正面思考後，合理的、客觀地看待那些經驗時，就能平常心看待，不再衍生新的問題。

四十一：自我催眠

大腦長期習慣緊繃，早已忘記放鬆甚至放空的本能了。一天努力工作，忙得大腦身體都透支，到了夜晚應該是累到沾床

即可馬上睡著吧？身體再累，大腦卻不放過，縱使不願再「加班」，大腦仍然像電網線路，電波一波波無法平息地交織著，像是電腦不聽使喚，關機關不了的狀態，已經疲累不堪的肉體，眼睛、耳朵等所有感官也都想好好休息，頭腦卻更清醒。

　　當然，長期使用安眠藥的患者，大腦早已習慣藥物來加工入睡，但如果你沒用藥的疑慮，試試以下大腦關機模式，稱它為「自我催眠」，它們就是讓大腦進入昏沈入睡程式的關機模式。

自我催眠的小技巧

　　先觀察自己的大腦，在尚無法入睡前，在做些什麼？事件畫面？還是念頭想法？

　　原理：正常入睡的人，上床後只想睡覺，所以很快入睡。失眠的人的大腦則漫無目的在想事情，因此引導大腦專注做一件簡單無聊的事，不讓大腦亂想，自然可以放鬆且會讓人沉靜入睡。

方法 1. 風雨中的寧靜：

　　室內燈調暗，平躺在床上，想像在身體的胸口心窩處（膻中穴）位置，有個呼吸出入口，吸氣時觀想氣由胸口進入，呼氣時氣由胸口呼出，維持正常呼吸狀態，專注胸腔，直到昏沈入睡。

方法 2.漂浮影像觀想法：

　　平躺，想像一個暗色系、模糊畫面在頭頂上旋轉，自己觀察順轉或逆轉會讓自己昏沈，選擇一個較昏沈的方向，繼續旋轉，閉上眼睛用意念想像那個影像在頭上方旋轉直到睡著。注意操作時別像數羊那樣數數字，以防越做越清醒！

　　睡眠之於人類，是一個偉大且攸關生存的重要修復工具。但僅僅在自然睡眠時才成立，不論生理失調或情緒不適、外部可見的傷口或內在自律神經不平衡、大腦的神經或身體的細胞，都是透過深深地睡一覺來進行修補及還原，而加工睡眠的效果遠遠不及自然熟睡，如果可以維持自然熟睡，健康生活是唾手可得的。

CHAPTER II

焦慮篇

　　初期的焦慮會有特定的人、事、物，但當不好的經驗累積愈多，情緒的小溪流往往會匯聚成大海潮，泛濫成災。

焦慮個案故事一　熱鍋邊的青少年

　　建華放學後走在路上，經常恍神沒留意馬路邊呼嘯而過的車子，那天差點被撞倒，母親擔心不斷質問為何老是恍神，狀況頻出，父母恐怕他有學校升學的課業壓力……

　　來到診間，單獨對話下，逐漸突破心防，原來父母親常吵架，即使在房間念書也聽得到，時而尖叫大鬧，時而亂摔東西，家裡氣氛緊繃，擔心父母萬一離婚，自己又無力阻止，常發呆想著：該怎麼辦？

　　下課走回家的路上，大腦總是猜測著會不會又在吵架？就算去上學的途中，也回憶著前一天父母激烈對話的畫面。課堂上老師糾正他數次，莫名起身走來走去，被罵了仍舊忍不住離開座位踱步。被其他醫生診斷為「過動症」！服了藥仍舊狀況沒改善。

　　這次因為成績一落千丈，母親擔心他上不了好高中，用藥沒看到明顯效果，才帶他來求診。

焦慮個案故事二　心中沒有第三名的國中生

　　不愛唸書的孩子，父母通常很容易操心，如果相反的，孩子很愛唸書，父母應該會很放心嗎？來看看小銘的狀況。

　　小銘自從上小學後，不像一般愛玩不專心上課的孩子，他總是認真聽課，自我要求很高，從開始接觸到考試後，對於用數字表現他的聰明才智，非常有興趣，追求高分，樂此不疲，小學六年下來，幾乎包辦班上的前兩名，不是第一就是第二，只要不小心疏忽答題，落到第三名，他就會不開心。

　　升上國中的他，有了升學的目標，往往在大考前一個月，生理症狀就會陸續出現，像是胃痛、拉肚子、噁心等腸胃問題，明顯的壓力反應。原來他一直擔心預測萬一考不好，為了要得到高分，才能維持前兩名的名次，他不容許自己疏忽，這樣的心理壓力顯然已經影響他的消化系統了！

　　到了門診時，身高超過170公分的他，因為過度焦慮，體重不到50公斤，表情樣態憔悴，而且開始有了失眠的症狀。

焦慮個案故事三　三口之家的互動焦慮

媽媽覺得兒子問題很大，愛發脾氣，躁動！兒子說：媽媽很愛罵人，碎碎唸！

爸爸常常下班就對著媽媽發脾氣，嫌東嫌西！每個人說的都對，但都在指責另外兩位家人。情緒垃圾的丟法在這家人的互動中，會看到經典的遺禍。

原來，媽媽有很好的工作，為了帶小孩而辭去她很有成就感的高階經理的工作。兒子好動，連上課也會想多動動，老師常打電話跟家長告狀，接到電話的媽媽備感壓力，情緒失控就會責罵兒子，就連幫他溫習功課如果不能很快聽懂，她也會抓狂。

媽媽的情緒，一部分也承受來自爸爸（先生），回家對老婆罵是最安全的發洩方式，習慣如此，因此家中氣氛經常有煙硝味，兒子因為怕被罵，表達受到影響，會有時候話說不上來。媽媽的壓力反應更明顯，血壓上升、呼吸急促、腸胃差、頻尿等，非常典型的壓力反應，因此身形偏瘦。

焦慮的解析

生命的每段過程幾乎都有不同的生命課題，童年時沒有自主能力，環境中的一切多半被動接受，如父母感情好不好、家

庭氣氛如何、生活飲食節奏安排等，到了就學年齡，同儕的人際關係、學校環境適應能力、課業學習壓力等，隨著外在環境的變遷，內在的心理適應能力決定了情緒發展狀況。

臨床上的確有不同階段的好發問題，例如青少年時期，人際關係、情感、課業等，因為大多數還在家庭中，父母親的關係仍然持續影響這段生命期的發展。到了成年階段，進入社會的工作壓力、經濟、友誼、戀愛、新家庭的婚姻關係、孩子生養問題、父母健康、婆媳問題等等，到了中老年，面對的問題似乎更多。

生而為人，在家庭社會中，面對問題是宿命還是挑戰？或可以說是一種學習，適應的順利與否，會反應在情緒上，不一定與挑戰的困難度有等比關係，適應得不順利的個體，焦慮的情緒好發頻率也相對增加。

相較於其他物種，人類大腦擅長計畫未來，解決生存問題，「擔心及預測」這兩種習慣少見於其他動物，人類許多負面情緒因此也隨著而來，例如，擔心課業成績排名～考試焦慮！煩惱戀愛的男友會不會劈腿～感情焦慮！預期工作做不好～工作焦慮！擔心老了沒人養～預期焦慮！擔心身體會不會得怪病～疾病焦慮！害怕婆婆碎碎唸～關係焦慮！

焦慮與期待有很大關連性，「期待未來會更好」是一種正向、放鬆的情緒，類似預期卻完全不同方向的是「擔心未來會變壞」，看起來很像，潛意識聚焦的內容卻可能天差地別。

「期待未來會更好」內在運作的是變好的畫面及感受；「擔心未來會變壞」則是變壞的、不想要的畫面或感受。焦慮是一種人類發展進步很重要的一種情緒，它讓我們避免危險，期待更好的演化需求，促使人類往好的方向演進，使我們安心生活，利於生存。

如果「期待要變好」的情緒太強，因此擔心會變壞，對事物產生緊張的情緒會升高，就會預期發生「不好」的事情。尤其一些受到過去負面記憶影響，對未來的事會有重複不好經驗的預期，焦慮情緒因此而產生。

負面經驗大多源於過去歷史，但卻不僅限個人親身經歷。例如曾經驗大地震（如 921）、車禍、空難等事故，特別的是，臨床上，有一半以上的經驗是因為見到媒體報導事件，驚悚難忘的畫面，產生創傷的內化經驗，甚至有些人是因為「聽說」而產生怕鬼、怕陌生人的加工創傷記憶。

相對於聽來、看來的想像，親身經歷影響當然更大，例如「幽室恐懼症」，往往是過往曾經被關在電梯裡、或車禍被卡在車上、甚至幼年被處罰在幽暗房間的經驗，焦慮的情緒強度會較耳聞或聽說的間接經驗來得更強。

初期的焦慮會有特定人、事、物的焦慮，如前述與不同生命階段的目標有關。但當不好的經驗累積愈多，不同面向的事件帶來的負面情緒愈多，情緒的小溪流往往會匯聚成大海潮，泛濫成災，生活中步步為營，焦慮情緒久久不易散去，就成了

「廣泛性焦慮」。

如何看待焦慮？

　　如何平和地看待身體及情緒現象，是我們生活能否自在的基本態度。焦慮是人用來避開危險的本能，因為我們看不到想要的結果，而陷入事件有可能會變不好的想像中，在諸多不好的可能性裡打轉，不好的可能再連結更多不好的可能，像等比級數似地繁殖，於是焦慮症就來了！如故事一的建華，一直想著父母的事不知所措，或故事二的小銘擔心成績不夠好，就是因為反覆擔心而造成焦慮症。

　　生活中當我們遇到讓我們害怕、緊張的事物，別急著下定論，認為自己「有病」！它們（緊張、害怕）是一種善意的提醒，注意問題，而不代表我們生病了。因為不舒服，我們才會發現它們。

　　例如初期的心悸，別急著認為心臟出了問題，胸悶便懷疑肺部怎麼了，喉頭緊就是咽喉長了什麼的，每個人表現症狀不同，因為身體運用不同身體訊息來提醒我們，像胃食道逆流、十二指腸潰瘍、腸燥症、頻尿、婦科問題等，如果檢查不出來器官是否有生理問題，尋不著真正症狀的來源時，思考一下，是不是一個善意提醒的訊號？

　　如果因為身體訊息發現了，第一時間便開始服用治標的藥

物，制酸劑、心律調整藥、整腸藥、止痛藥等，症狀訊息不一定會因此消失，因為問題根源在於情緒，這就像家裡遭小偷入侵，警鈴作響，你覺得很吵，於是摘掉警鈴，終於不吵了，但它的提醒功能也因此被你忽略，而錯過解決問題的機會。

身體像偵測器如實地反應情緒，提醒我們必須改變，如果覺得它吵而蓋掉聲音，掩耳盜鈴，終究會讓焦慮情緒蔓延開來，憂鬱、失眠隨之而來，瞞不了人，身體是最誠實的反應器。

焦慮心腦解決四步驟

日常生活的安排，關係著焦慮患者的心識聚焦處。如果漫無目標的散漫生活，例如某些休學者、待業者、家管、或退休族群，沒有特定需要完成的工作，一天中空白時間漫長，大腦無所專注時，便會像野馬漫無標的，亂找垃圾。奇怪的是，怎麼不是找黃金呢？如果是的話，便能將創意發揮到令人開心滿足的境界，偏偏焦慮的大腦，喜歡自動找問題來煩惱，因此可說是找垃圾。

建議改變原來生活模式，例如：

1. 規律運動

可以的話，將運動安排到每天的時間表裡，固定而規律的運動，可以增加快樂荷爾蒙的分泌，早起晨間的運動，可以讓

體內的血清素好好作用，白天心情會比較平靜放鬆。

2. 多做事

　　家事、志工、修繕等凡是動手動腳的工作，都是可以幫助大腦不去找垃圾的好差事，做什麼事沒有特別定義，最好是自己有點興趣的事，例如有人喜歡畫畫、插花、做手工皂等，有些退休族群可以種種花草、做做手工家具或把房子整修一下。

　　如果待在家中無所事事，身體不活動，大腦無特定聚焦處，平常小事即可能放大而困擾心情。沒事做具有相當危險性，大腦像野馬般亂跑難駕馭，情緒問題往往更難解決。

3. 多微笑，與人互動！

　　多數人認為我們因為快樂或高興，所以才微笑，其實，反過來從行為改變，也會影響心情。如果我們習慣保持笑容，即使沒什麼事可以特別開心，也會隱隱約約覺得心情比較輕鬆，縱然「假笑」也會有效果！何況在人際互動中，我看你，你看我，如果看到對方投與的是笑臉，我們自然也會微笑以對，彼此容易有輕鬆的互動。

　　這裡要特別強調，人際關係，對於長期需要在人類社會生活的人們來說，不論實際的生活所需，還是心靈交流，尤其是後者，具有決定我們人生快樂與否的重要性，而「微笑」就是一個簡單可隨身的重要觸媒！

　　當然，如果焦慮嚴重影響生活及身體健康時，可以依循以下四步驟來解決：

一、淡化過去焦慮記憶

　　焦慮的人時常連結以往不好的經驗，深怕會再次發生，然而這樣的擔心情緒就會喚醒曾經相關的焦慮記憶。過去原始引發焦慮的大事件記憶，例如地震、火災、異地迷路、親人意外往生等事件記憶，可以說是負面情緒引發的主要來源，盡量先處理使之容易淡忘。

　　前述故事的主角滿腦子父母吵架畫面，或是想像後續可能母親會離家出走等影像，也要儘量淡化，否則干擾情緒而造成焦慮，焦慮情緒再引發聯想，沒完沒了的問題會一直繼續。

　　如果沒有重新學習的價值，將大腦留存的記憶垃圾打包帶走，記得不要分析！這些造成負面情緒的記憶，有許多都是無奈而無法控制的天災或人禍，透過理性討論分析尋找原因，實在不妥，將記憶一而再、再而三地重複提醒，只會加深傷害，無法產生正面情緒的價值。

　　打包丟掉的記憶，並非完全忘記，只是可以不帶過多情緒，容易理性客觀地看待，如同情緒包袱卸貨，沈重感消失，我們的負面情緒才能漸漸解套。

二、舒緩長期累積的焦慮情緒

　　焦慮患者容易將負面情緒儲藏，分佈在身體不同部位，如果有胸口沉沉的、悶悶的、心悸、心酸、喉嚨緊等抱怨，通常

是負面能量儲存在胸腔的「情緒區」居多，另外也有很多個案的主訴是腸胃問題、胃食道逆流、頻尿、腸燥、或婦科問題等，如果負面情緒累積在腹腔的「感受區」，上列問題幾乎會交替出現，跑遍各科門診，當然，最終很有可能是「自律神經失調」的診斷。

這類慣性是遇到事情易產生焦慮不安的情緒特質，累積不安逐漸加壓在身體內，可能在胸腔或腹腔，若無法釋放，長期重複累積，會被負面情緒淹沒。某些個案會將這樣的負面慣性演化成行為，例如咬指甲、拔頭髮、抖腳等，這些動作無非是為了讓情緒有個出口，身體往往會用行為來解決情緒困擾。

找出並且設定情緒排解的迴路，透過重複冥想練習，讓早已累積許久，即將滿溢的焦慮情緒，透過迴路宣洩、排解、清除，我們的負面情緒及身體的失衡狀態才能逐漸恢復。

三、轉變大腦負面預期慣性

當我們將注意力放在眼前的事物時，專注處理當中，我們的情緒不容易產生，但是如果大腦已先行一步，預設可能會……？數種可能性蜂擁而出，預想的又不是好事時，大腦連結的壞事，情緒隨之報到，接下來就會忽略眼下的事物，轉而被負面情緒牽引著而焦慮起來。眼前錯過，未來焦慮，恍神失序地將一天搞得慌亂的情況常見。

故事一的主角回到家裡，注意力集中在父母的互動上，任

何風吹草動就聯想負面的可能，例如會不會離婚，自己會不會變成孤兒等等。另一位故事的主角縱使成績已經不錯，一遇到考試，負面聯想發揮想像力，考不上好的大學怎麼辦？同學怎麼笑他，父母怎樣沒面子，毫無理性的負面創意。焦慮個案很需要將胡思亂想的**聽覺—意念**大腦迴路改變，習慣性思考模式，無法接受理性勸說，很難改變，只能另闢新路，讓大腦不會浪費時間在預測及衍生性的雜想。

　　另一條重要迴路是習慣性緊繃的迴路，任何事遇上了，來不及思考怎麼做，先有「緊繃」的情緒，會很急、很煩，接下來就難理性客觀地做對方法解決問題，因此重複產生焦慮不安的情緒，多練習**觸覺—情緒**這條迴路可以放鬆緊繃的大腦，也會看到焦慮個案的動作慢下來，不會毫無頭緒，而有章法地處理身邊事務。

四、加強自信、動力能量

　　如果要溯源焦慮患者的不安，推論他過去歷史、童年經驗到成年歷練，也許都可能有跡可循，但更重要的是過去的種種演變造就現在的他，不安感的根源來自他對環境及自己缺乏信心！

　　自信從何處來呢？是否要靠別人給予肯定或讚美呢？也許短時間有點用處，但似乎不持久、不牢靠。每個人一生中多多少少會有被稱讚、被肯定或滿意自己的正面經驗，縱然事過境

遷，已灰飛煙滅，透過潛意識引導出正向資源，以 NLP 的手法，可以放大這樣的正面經驗，透過冥想強化那美好能量，然後提取出來，重覆練習成為我們的永久能量。有了「自信」，就不會非理性地負面預測，不容易擔心，做事理所當然地輕鬆自在。

另外，由於過於謹慎小心，觀前顧後，焦慮的人通常也沒什麼熱情做事，但愈不做事或參與有趣的活動，想得多、做得少，大腦就有更多的時間「胡作非為」，焦慮地想更多，壓力更大。因此加強「動力」，有效率地行動，也是讓焦慮者可以活得更自在的重要能量。

CHAPTER III

恐慌篇

　　一次次地累積發作的挫折經驗，每次都讓他覺得與「死亡」愈來愈接近，日常生活中便處處充滿地雷。

恐慌的個案故事一　快要跳出來的心臟

　　歐陽先生焦慮地描述著，如果這次沒辦法處理好，他就必須乖乖回去裝「心臟節律器」。

　　業務主管的工作經常會有應酬喝酒的機會，歐陽先生在一次與客戶談成生意的興奮心情下，一杯接一杯連續幾杯黃湯，平日酒量不差的他，卻開始感覺心跳跳得很誇張，狂跳不已，砰砰聲感覺好像愈來愈無力，整顆心臟似乎快停掉，本來想《一ㄥ著撐到飯局結束的他，描述當天最後糗到要客戶送他到醫院去急診……昏過去了！

　　被送到醫院前已經醒來，親眼看著做完所有的急診SOP，檢查結果出爐，打了針睡了一覺，竟無事地回家了！原本單純的偶發事件，卻成為後來一連串就醫的開始，那次驚嚇過後，他腦海裡經常會擔心會不會心臟出了問題？是不是哪天就掛了？該不會沒檢查出來？不安感隨著他的業務應酬工作，經常被聯想，有時候跟同事談起自己的問題，也可能引發他類似的感覺又出現，發生頻率愈來愈高，最後心臟科的醫生建議他需要做「心臟節律器」手術，嚇壞了他！

　歐陽先生對於才 40 歲的他，人生還有很長時間要奮鬥的中年，竟然已經要做此大手術，在動手術之前希望有其他較溫和的解決方案，因此找到了我們。

恐慌的個案故事二　是暈眩還是地震啊？

　921 大地震後，驚恐的不止災區的受難者，更多是像李小姐這樣的案例。

　她住在台中的周邊郊區，地震過後的隔天，因為關心災區的朋友，特別開車前往關心現場，沒想到遠比她想像地更難承受，回來後震撼的畫面一直在她往後的幾年生活中，縈繞不去，每每在半夜一點多突然驚醒，感覺不知是頭暈還是真的地震，有時是恍如做夢般地見到斷垣殘壁，或壓在建築物下面被抬出來的鄉親屍首，惡夢驚醒幾乎都和那次的大地震有關。

　驚醒過來的她往往已是滿身大汗，無法言語，只能呼喚身旁的先生求救，白天忙於工作的她，最怕的就是夜晚來臨，驚恐的記憶像鬼魅似的纏繞不已。

恐慌的個案故事三　車禍意外造成幽室恐懼症

　　生性謹慎小心，容易緊張的胡先生，平日上班都開車代步，某一次在高速公路上發生車禍，身體在駕駛座上困住出不來，救援的警察人員因缺乏適當工具，拖延了將他移出駕駛座的時間，過於緊張的他竟發生呼吸困難、快要休克的緊急狀況，雖然最後安全被救出，卻留下深刻的心理後遺症。

　　從那次「逃不開」的恐怖經驗後，凡是有逃不開的可能場景時，他就會引發恐慌一連串反應，例如高速公路上、隧道、快速陸橋等，因此好長一段時間也無法自己開車，驚恐情境後來又擴大到連上理髮院都出了問題，只要毛巾布一蓋上臉，他便開始覺得吸不到空氣，「逃不出去」的想法又來了……

恐慌症的解析

　　事件的記憶對恐慌症患者來說，是一個引發未來類似恐慌發生的關鍵。

　　恐慌發生往往是一件突發恐懼經驗，大腦將它視為生存危機，會深刻地烙印經驗記憶，隱約像個地雷，只要類似情境再發生，大腦會立刻啟動恐懼記憶（地雷），身體症狀如心臟狂跳、喘不過氣、冒冷汗、甚至手腳無力或發抖等，這就是典型「恐慌反應」。

　　然而，不適感雖然發生在胸腔，跳動的真實感會令人誤解為「心臟病」，其實臨床上，可能只有極低的比例需要處理心臟。其他好發的感覺像：心酸、心痛、心沉、揪心、胸悶等症狀，多半與負面情緒的儲存有關，如果被誤以為是心臟的問題，用了心臟科的藥物，可能沒有明顯效果，問題依舊。

　　心臟科及胸腔內科是恐慌症被確診前最常跑的科別，更有為數不少的個案會跑完許多科別後，才發現是情緒問題，或說是自律神經失調，焦慮情緒的累積過量，易引發身體的強烈症狀，分佈在許多不同身體部位，例如：呼吸困難、胃痛、胃食道逆流、胃揪結、胃痙攣、噁心、想吐、頻尿、甚至手麻等，生理疾病的檢查是可以初步過濾，是否真正的器官問題，合併許多不同症狀的患者，幾乎還是被懷疑或認為是心因性的問題，其中生理強度最強的就屬恐慌症莫屬了！

　　一個偶發事件，不在於事情嚴重度，任何一個焦慮想法或情緒，只要我們不再反覆思索，事情過去了，就是單純的單一事件，相反地，不斷思索強化情緒，就會啟動強烈焦慮反應，身心一串聯，就可能造成恐慌！

　　大腦是意識的指揮中樞，同時潛意識也接受它的暗示，一旦身體訊號如心跳加快、呼吸急促、胸悶、冒冷汗等生理訊息又出現，大腦立刻進入緊急狀態，「又來了」！另一方面，環境中情境與曾經的「危機」現場有幾分相似時，大腦同樣發出警鈴，密閉空間、飛機艙、人多擁擠、喝酒、天災等，與過去

驚嚇經驗相關的情境或物件相似，都有可能引發大腦提示～危險了！進入備戰模式！當然一次一次會加強反應的訊號及速度。

例如前面歐陽先生的例子，第一次發生應酬喝酒的場合，令他感覺心臟狂跳不止，印象深刻，大腦不斷地回想，試圖找出原因，當他忙碌公事緊張氣氛來到，他會不自覺去注意心跳，擔心及預期不妙的想法往往更加深他的緊張，焦慮的心情會讓他的大腦複製過去不好的初次經驗，於是又發作了！一次又一次地累積發作的挫折經驗，每一次都讓他覺得與「死亡」愈來愈接近，「怕死」成了許多恐慌患者共同的心結。

除了情境類似過去的經驗或者身體的症狀會引發恐慌，似乎要避開「危險」也不難嘛！其實不然，恐慌患者還有一個自找的引發開關，就是「大腦的念頭」！

有時候只是大腦不停地因為擔心而重複某些想法，即可輕易啟動恐慌模式，這也就是為什麼恐慌的發生會頻率愈來愈高的重要原因。歐陽先生偶爾因為擔心，想到「會不會心臟……」，恐慌地雷即刻被念頭啟動。原來，地雷是自己可以隨時隨地引發的，日常生活中便處處充滿「危機」！

多年來，恐慌症的患者在詳細瞭解症狀的同時，我多半會好奇地詢問過去的個性特質，發現 80%以上共同性為：易緊張、常回想過去創傷、愛胡思亂想的人較容易有此症狀，所謂事出必有因，即是如此。

　　哪些事容易成為壓倒駱駝的最後一根稻草，引起恐慌症呢？常見的有：工作壓力、創傷、親人生病或往生、天災（地震、水災等）人禍（火災、飛機失事、車禍等）、身體健康出問題等。

恐慌心腦重塑的四步驟

一、過去恐慌記憶淡化

　　恐慌患者的大腦或許為了避開危險，過度強化安全需求使然，容易抓住過去令人不安的記憶。烙印的記憶，如大地震、車禍等常是恐慌的起因，只要感覺搖晃，就會連結地震的恐怖記憶，坐在車上行經高速公路，大腦線路馬上連結車禍記憶。

　　也就是如果在ABCDE不同場景發生過恐慌發作的狀況，未來只要情境符合ABCDE的任一場景的ABC或CDE，相似度不必100%，它們也可以自動賓果！對號入座後啟動地雷，即刻進入備戰狀態，慌的模式就立刻上演，可以說他們的大腦有非常強烈的比對能力。因此，要避免它們過度比對情境而造成恐慌發作，就必須拆掉地雷！問題是怎麼拆記憶地雷呢？

　　一般地雷的呈現往往是以畫面記憶來儲存，傳統的方式，與個案討論過去發作的情境如何不具真實危險，理性地分析並請個案的大腦理解，以為認知到狀況不危險，就可以帶來改

變，讓恐慌不發作！

　　新的做法比較乾脆，直接運用潛意識的資源，引導個案大腦處理並淡化過去記憶，當他們不容易碰到地雷時，就沒得對號入座，當然，就不容易引發過去發作恐慌的程式，也不會平白又增加另一次新的「地雷」吧！

二、消解身體的情緒記憶

　　恐慌是所有情緒疾患中，有最多身體的情緒記憶的特殊族群。來診的主訴症狀中，胸悶、心悸等不適症狀居多，也因此跑遍各科找不出原因治療的無奈。如果身體的情緒能量累積過多，就會引發恐慌！

　　例如，「心跳加快」是許多個案描述中常見的，對他們來說那是一個即將發作的預告，也就是警鈴，但心跳加快並非只有一種反應，當跑步或其他有氧運動時，引發心跳變快是常有的事，但對恐慌個案來說，這樣的訊息被大腦誤判以為是身體警鈴，情緒記憶立馬被引發，而促發一連串的恐慌反應。大腦縱使清楚這是錯誤訊號，一連串身體的反應已然無法煞車……。

　　過去記憶已淡忘後，第二步驟就是將引發一連串「慌」的身體及情緒症狀減弱，找出個案累積負面情緒的區域，身體情緒記憶最多的主要部位，以胸腔的「情緒區」感覺居多，設定削減負面情緒的迴路，透過一段時間的冥想練習後，身體症狀

帶動慌的情緒，慌的感覺再去引發身體症狀，那種怕得要死的恐慌感，會隨著練習漸漸減弱、連結鏈中斷、發作頻率降低，直到幾乎不再出現。

三、逆轉大腦負面預期的慣性

恐慌症患者的思考習慣，在平日生活中就約略可看得出來，面對生活中的變化，常常先預測會不好，擔心的焦慮感引起慌的反應，腦海裡不斷冒出「會不會怎樣」、「我的身體怎麼了」、「萬一發作怎麼辦」、「是不是快要掛了」，一連串負面揣測的問句在增添他們的焦慮感。

假設性的擔憂很多，預期性的焦慮較一般人明顯。此時，旁人理性地勸說是無法奏效的。當人的思緒單純地面對眼前的事情時，也就是「活在當下」的狀態，不懊惱過去，不預期未來，我們的心情就容易輕鬆，縱使眼前的事情需要費心處理，因為沒有預期可能會多糟，就會專注解決現在眼前的問題。

相反地，恐慌患者的大腦會預期「不好」的未來，擔心事情會變多糟，把可能「萬一」的機率擴大到「一萬」，計算機算一算竟差了 10 的 8 次方倍（一億倍）！現實生活中處處有變數，不適應或不接受，每個小變數就會累積一些焦慮，久了，就成了習慣。

一個重要的大腦神經迴路必須要調整，是**聽覺-意念**迴路，這個迴路設定的意義，在於讓他習慣性負面聯想的連結打斷，

大腦可以抽身去思考，如何解決問題的方法，回到活在當下的正念路線上。

四、加強安全感、放鬆的能量

　　恐慌症患者經常在平日時自我質疑，為什麼動不動就緊張ㄅㄅ，上次明明沒怎麼樣嘛！雖然理性地知道自己的毛病來自於反應過度，但臨到事情發生時，還是無奈地「跑完流程」！大腦充斥著過去危機地雷，以大腦演化或生存的需要來解釋，非常容易理解，人類為了應付外來威脅，必須有這樣的提醒機制，換句話說，就是尋求「安全感」！

　　另外，長期養成「不安」的習慣，已經不容易享受當下，即使安全無虞的生活，「無法放鬆」或說忘了如何放鬆，終究會造成自律神經失調而衍生失眠的困擾。

　　對恐慌症來說，建立「安全感」及「放鬆」的正面能量是潛意識治療，以預防未來的壓軸重點。另外，恐慌症的患者通常習慣性逃避問題，遇到考驗，負面預測一出來便想逃避，因此有許多個案需加強「動力」的正面能量，有面對解決的動力，才不會常常因為延遲問題而造成更多壓力，製造許多慌張的機會。

　　擁有放鬆的能力，並且有安全感的心態，才能享受平日無憂的生活，真的有事也可以從容地運用大腦的智慧來解決問題，不被情緒綁架地自在過生活。

CHAPTER IV

恐懼篇

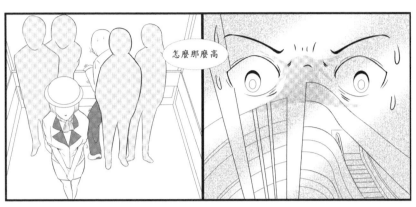

　　提心吊膽、疑神疑鬼的經驗極度放大，造成巨大的恐懼情緒，害怕地想逃。

恐懼個案故事一　歇斯底里跳到桌上躲小強

　　阿賢幼年時跟著父母回外婆家過節，有一回，與幾個鄰居家小孩玩躲貓貓，輪他當鬼要去找出每個同伴躲藏處時，他發現一間已一陣子沒人居住的客房，心想八成裡頭躲了誰，暗暗自喜地匆忙打開門邊的舊衣櫥，「哇～救命啊～」叫救命的不是被抓到的同伴，竟然是他自己！

　　事後驚魂未定的他，吞吞吐吐地描述他怎麼看到一群蟑螂從衣櫥衝出來的可怕情景，外婆心疼他趕緊帶他去收驚，但似乎仍去除不了那恐懼，即使到上了國中，只要班上教室一出現小強，他可以瞬間跳到課桌椅上，大聲呼喊求救，完全不顧男生的形象……

　　他無奈地說：縱使只有一隻，驚恐的情緒是一樣的。

恐懼個案故事二　愛看鬼片的小咪

　　大學畢業旅行，小咪和班上幾個姐妹淘一起睡民宿的大通鋪，當晚，可能玩得太 high 還是講鬼故事太興奮，夜裡蓋著棉被的她，總是忍不住一直瞄著房門或是窗戶，好像有什麼東西會跑進來似的，擔心得一整夜幾乎都不成眠。

　　其實，平常她就很喜歡在無聊時看看網路的恐怖片，過期的院線片或是國外的驚悚片，她覺得很刺激，但日子久了，發現自己會創造「鬼」，所謂疑心生暗鬼，縱使沒看過的鬼樣子，她也可以想像出來，那次畢業旅行，就是想像「鬼」會從門縫鑽進房間，或是直接在月光下隔著窗戶和她對望，總之，想像力豐富的她常常把自己搞的十分驚恐，陌生環境裡，提心吊膽地疑心疑鬼的經驗多得可以寫成書，她說：黑眼圈就是這樣來的，再下去就會變成失眠一族。

恐懼個案故事三　懼高讓他差點失去好工作

　　百貨業負責企劃的高手恩光，因工作表現好，被挖角到另一家高檔的百貨業，剛上班半年後，被通知要搬到頂樓樓層，視野極佳向陽的獨立辦公室，他被祝賀可以有如此好的工作環境，但真正搬遷上去才發現「一整面落地窗可以鳥瞰台北盆地，但我卻不敢看出去……」、「我感覺每次進到辦公室，就有快要掉下去的窒息感……」。

　　白領的他，從沒想過有一天可能因為怕高而失去工作，幾年前一次登山活動的小意外，在山谷的吊橋上踩空了一片陳舊棧板，嚇得全身冒冷汗，至今仍餘悸猶存，凡是需要登高時，他都會拒絕，除非看不到外面的景觀，恐懼感稍可控制，而整面玻璃落地窗，同事羨慕且驚呼叫好的辦公室，他一眼望出去，早已渾身冒冷汗，難耐恐懼而萌生辭意。

恐懼的解析

　　生命中原來就藏著許多我們不喜歡的事物，遠古時期有野獸、毒蛇等威脅生存的敵人；近代有悲慘的戰爭、天災、傳染病等；現代縱然已進步到數位電腦時代，科技無所不能，人類大腦的危機意識仍然存在生存的威脅。

　　不談太遠，常見現代人的害怕很普遍，例如廚房裡的小強

（蟑螂）、野外的蜘蛛、毒蛇、毛毛蟲等，高處、曠野、黑暗、打雷、閃電、地震、甚至遇見陌生人等，舉凡人類大腦主觀認定有威脅或者不喜歡的，都可能是引發極度害怕的來源。

　　恐懼的情緒是人的天性或本能，有些東西大家普遍害怕，如猛獸、強大的地震、百層樓高度，這樣的害怕如果沒有了，會讓我們的生存有危機。但是現代環境的建築或文明早已將人類保護得十分安全，人們恐懼的事物變得非常「個人化」，例如怕壁虎、毛毛蟲、小強、老鼠等，另外怕飛機、電梯的上升感，也是現代生活必需但又會害怕的恐懼症，比較少見的有怕鈕扣、怕書蝨的倒是很特別的案例！

　　對於哪些事物或情境會產生恐懼，可以說沒什麼道理可多加探尋，它們就是很個人化，別人很難理解為什麼，也毋需費功夫深入探討，個案主觀地感受不適感，情緒高漲地不可控制，就需要治療。生活中若可防護或避開過敏物，恐懼症其實可以不需要處理，但如果個案覺得處處充滿可能性，杯弓蛇影的心結強烈，全面干擾生活時，建議儘快處理掉負面經驗及情緒，回到不害怕的自在生活狀態，是非常有必要的。

　　美國近代一位催眠大師，同時也是醫生的米爾頓·艾瑞克森（Milton H. Erickson），曾經治療過一位被蛇嚇到的男童。當時男童的父親來求助他時，男童已經在床上躺了幾天，無法正常生活，家人非常擔心。艾瑞克森到了男童的床前，輕柔地問他：「你怎麼了？」男童有氣無力地告訴他，三天前他一個

人跑到森林裡玩耍，突然從草叢中冒出一條黑色小蛇，他驚嚇
大叫求救卻無人搭理，於是邊跑邊哭著回家，之後，就起不來
了。

　　艾瑞克森聽完男童的描述，只輕輕地點頭笑一笑告訴男童
另一個故事，他說：三天前，有一隻原來就住在森林草叢覆蓋
的小樹洞裡的小蛇，那天，媽媽不在，牠因為自己獨自在小樹
洞中很害怕，急著衝出去找媽媽，才要出門就碰到一個龐然大
物──人類小男孩！牠嚇得亂竄，想掉頭趕緊躲回家，卻只聽
到如雷貫耳的人類驚叫聲……回去後，小蛇也病了，幾天都不
敢出門，也吃不下！

　　艾瑞克森走後沒多久，男童已經可以起床喊餓了。

　　對一件事的認知往往會決定事件對我們的影響，正面或負
面；好的壞的；黑的或白的。如果像上述的男童也許意識到：
原來心裡受傷的是那隻小蛇喔！瞭解到自己的害怕其實不是那
麼重要時，認知的角度改變，情緒便得到緩解。

　　恐懼症的患者，因為初始經驗強烈，在潛意識中，將害怕
的物件極度放大，一方面大腦重複播放經驗畫面，強化情緒的
連結；一方面擔心懷疑它會再次出現，因此造成巨大的恐懼情
緒，害怕而想逃，終於演化成恐懼症！

恐懼心腦重塑二步驟

恐懼症對於特定物的害怕指數很高，生活中如果那個特定物沒出現時，有這樣困擾的個案通常也可以自在生活，完全不受影響。臨床上遇到恐懼症害怕的特定物前幾名，例如蟑螂、蜘蛛、老鼠或者懼高，在現今的環境中都不是很容易遇到，因此處理的步驟相對於其他情緒疾病，單純很多。

一、大腦存檔害怕經驗清除

大腦由意識判斷真假、對錯，特別的是，潛意識會自行儲存或創造畫面，不論是否真的發生過，大腦都會信以為真，尤其現代影像工業特別蓬勃，不僅電視、電影，電腦、手機、網路等，無處不出現的視覺刺激，只要產生情緒的畫面，很容易就留存在潛意識當中。

另外，創造的畫面又怎麼形成的？如何影響我們的情緒呢？報紙為了爭取閱聽度，加入許多文字描述及畫面的驚悚內容，例如鬧鬼靈異的恐怖事件、社會血腥案件、色情不倫事件等，青少年或平常擅長將文字視覺化的成年人，大腦的想像力就會構圖形成「假象記憶」，甚至道聽塗說的故事，大腦自動化模式也會形成記憶畫面，沒事喜歡倒帶複習的人，會分不清到底那記憶是真的發生過？還是自己想像的，妙的是，大腦不

論真偽，但情緒同樣會被催化產生害怕驚恐，像真的發生一樣。

因此，第一步，要先將腦中恐懼的存在畫面，做一個淡化的處理，運用 NLP 其中的技巧——次感元*的調整，可以輕鬆將深刻的記憶中性化，也就是讓潛意識中強烈著墨的畫面，變得和一般每天柴米鹽油醬醋茶的日常瑣事一般地平常化，如同例行每一天的吃飯睡覺一般，不會特別記得清楚。

二、調整極端恐懼的情緒

原始恐怖的記憶淡忘後，習慣的害怕情緒還會持續作用，就會使得恐懼變得隱隱約約。找出害怕的負面情緒阻塞的情緒迴路，持續調整神經迴路的冥想練習，對於潛意識害怕的特定物，恐懼感發生的頻率或強度，都會慢慢地降低。

恐懼症在某些情況下，會干擾睡眠，例如前面故事中怕鬼的小咪，夜晚與她想像鬼的連結很強，大腦在睡前過於活躍，加上情緒強烈緊繃，即使身體沒有自律神經失調的狀況下，仍

註：

*次感元

在 NLP 的理論中，視、聽、嗅、味、觸覺等感官系統構成記憶，其中再細分的項目，例如亮度或大小就是視覺的次感元；聲音的高頻或低頻就是聽覺的次感元。

然有可能干擾睡眠。

　　一旦處理淡化了「鬼」的形象，夜晚時，潛意識沒有相關畫面可尋，大腦不在警戒狀態，自然就容易放鬆地睡去！

　　對於特定事物恐懼的個案，大腦因為頻頻回顧過往恐懼經驗，現實生活中因此容易有杯弓蛇影的想像，加上習慣害怕的情緒，通常只要處理兩大心腦步驟——記憶及情緒，就可以很自然地回到自在的生活。

CHAPTER V

憂鬱篇

你給他一樓，他會走到地下室；你帶他到地下
室，他會往下墜落到地獄

憂鬱症個案故事一　無盡的灰階人生

外在環境與內在心境強烈對比的人！

一位典型所謂人生勝利組的青壯男性—小斯，臉上卻少了
許多年輕的意氣風發，言語中慢條斯理地吐露出他內在的黑暗
世界。先看看外在環境的他好了，出生在家境良好，經濟無虞
的家庭，大學畢業後順利就業、找到好女人，結婚、生子，一
路暢行無礙，周邊的朋友羨慕他長得高挺俊拔，又不愁家計，
該有的人生美好條件，幾乎都備好了！

另一方面，他的內心世界到底怎麼了呢？即使每天生活並
沒有特別不開心的事，但他眼目所及，例如看到路邊遊民、孤
單佝僂的老人，他就會想著：人生的意義在哪裡？翻開報紙社
會新聞的悲劇、天災人禍那麼多，他又想著：那麼辛苦、可
憐！人生最後都會死，有何意義？尤其遇到季節變換的時節，
春秋兩季更是心情陰鬱得明顯。

不禁好奇他的情緒或大腦習慣，從何時開始這樣的模式
呢？回顧過去歷史，青春期國高中的他，就常有少年維特的煩
惱，總是可憐別人、擔心許多周遭的事，加上姐姐因為憂鬱症
自殺，給他很強烈的重擊，開始覺得人生無意義，想著想著往

往是無解，於是將注意力轉移到電玩、上網，沈迷的生活方式似乎暫時讓他沒事。

　　直到大學畢業就業後，結婚、接連小孩來報到，緊湊的人生腳步讓他壓力倍增，他又再次尋找電玩來逃避現實，緩和情緒，但被太太要求家事責任分工，缺乏動力的他，壓力讓他內心的灰階色彩又啟動，不斷地問自己：人生有何意義？大腦的負面想法充斥，否定所有人生的面向，當春秋季來臨時，嚴重地負面想法更是侵蝕著他的心志，強烈的尋短念頭像鬼魅般陰魂不散……。

憂鬱症個案故事二　產後憂鬱迸發童年創傷

　　小敏的第一胎出生時，原來是充滿幸福感的快樂媽媽，隔了一年多第二胎來報到，心情在產後調理期竟意外地盪下去，喜悅感消失，新生命並未帶來幸福色彩，取而代之的是掀開她陳年已久的童年創傷！

　　幼時，因家中發生變故，不得不在親戚家寄住，親人並沒有善待她，只提供基本的溫飽及做不完的家事，為了日子要過下去，她都只好忍著。但某次家中貴重物品不見了，而遭長輩誣賴指控竊盜，蒙受不白之冤，心裡滿滿的恨意，為了寄住下去，還是選擇「忍」！

　　為了趕快脫離這樣不開心的環境，她努力地念書、考試，完成基本高職教育便急著出去找工作，很快地也結婚了！這段奮鬥努力的期間，雖然心情偶然低落，但並未有強烈憂鬱的狀況。直到……第二胎出生後，大腦莫名地翻湧過去不願回想的片段，責難自己的聲音夜夜侵擾著她，夜不成眠影響了產後的健康及哺乳，又不敢吃藥……。

憂鬱症個案故事三　蠟燭雙頭燒的女強人

一個人一生中能扮演好一種角色，已是值得稱讚了，這位女性能力超強，內外角色都令人激賞。

從年輕開始，結婚陸續生了2個小孩，同時陪著先生自組公司創業，除了先生負責主要業務，週邊大小事全部她一手包，雖然是老闆娘，卻同時要照顧2個孩子，無人代勞，可以說全能且全年無休的工作模式。

生活忙碌可以想像，而她的大腦也沒閒著，很容易擔心孩子的課業，或者先生的公司營運，一路煩惱卻也都順利平安，日子隨著孩子長大、公司上軌道，漸漸可以放下擔子，眼看著就要過好日子了，卻無法享受她奮鬥半輩子的精彩，她發現對任何事都沒興趣，睡不著、情緒低落、吃不下、很容易疲累，出門更覺得累，家人覺得不對勁，帶她上醫院就醫拿藥，狀況仍然不理想，就送她住院，心情一直在低檔狀態，家裡、醫院來來回回三年之久。白天任何家中的事，親人或社會上發生的事都會讓她跌入谷底，晚上看到別人睡覺打呼，心裡就悶，「失眠」成為多年來的伴侶。

來找我之前，本打算再次住院，已成年的孩子不捨她被藥物搞得昏沈失神，完全不像年輕時神采奕奕的她，好言勸她徹底解決問題。

憂鬱症的解析

　　沒有天生的憂鬱症，情緒大腦的表現，是環境與基因交互作用影響的結果，光是憑靠基因論，等於是宣告無解！會產生這類情緒問題，生命歷程中一定有跡可循。

　　如蠟燭雙頭燒的女強人案例，原來大腦多是朝負面的思考習慣，不論大小事的解讀，預測可能不太好、擔心萬一怎麼樣、如果沒弄好會完蛋等等。加上或許因為母性，及公司營業壓力，太多的憂慮縈繞著每天的生活及工作，事情多且雜，慢慢地累積煩惱，擔心的負面情緒像滴水穿石，累積惡化到臨界點，爆發成失眠問題！

　　成長過程中幾個重要場域，如家庭、學校、社會等，產生創傷或養成負面思考的習慣，腦袋中凡事做最壞打算，這些習慣形成時間久了，就會有傾向憂鬱的個性特質。

　　不一定有過去的明顯創傷事件，卻也會造成所謂「創傷後壓力症候群」？原因是大腦的習慣！如前面產後憂鬱的例子，童年的被誣控事件，事隔近 20 年才發展成創傷事件，似乎很難理解，成長的歲月中，並沒有特別干擾她的情緒，順利地完成學業、就業、結婚直到生了第二胎，因為大腦負面的思考慣性，在坐月子的休息空檔期間，潛意識浮出的陳年舊事，在大腦的批判及負面解讀下，加上反覆思索，終於把「它」變成童

年創傷！

許多討論憂鬱症的專業文章，會列舉各式各樣相關的生心理現象，依據我們分類臨床個案問題的方式，不外乎就是情緒的負面慣性與大腦的思考習慣所導致，例如：

情緒慣性：焦慮不安、亂發脾氣、莫名想哭、沮喪低潮、恍神失意、煩躁、暴怒、抗拒心、悲傷、鬱悶、慌張、怨恨……

大腦慣性：重複過去故事、懊惱自己做錯了什麼、自我否定、猶豫不決、被人放棄、一切都完了、一定沒辦法、都是自己的錯、害怕陌生人、不想出門參加活動、不相信別人、原來的興趣提不起勁、擔心自己得了怪病、人生有什麼意義、想尋短……

因為情緒及大腦雙重的負面影響下，自律神經失調，生心理的干擾症狀幾乎同步出現，如：

身體情緒：缺乏食慾、肩頸痠痛、胸悶心悸、腸胃不適、頻尿、頭暈、頭痛等……

心理情緒：悲傷、沮喪、憤怒、憂鬱、焦慮、緊張、失去自信、缺乏動力等……

生心理互相影響交織出來的憂鬱症，提醒著我們，過去式就要讓它過去吧！如果讓它留著，每天不是滋養著我們，而是傷害我們的情緒及大腦，抓著過去不放，不僅現在無法掌握，未來也在日子時間的不等待當中，悄然流逝，失去的像錯過的

彩虹，不可能回頭再次展現！

憂鬱症心腦解決四步驟

我們對於人的了解，經常會以個人的特質、個性等來形容一個人。

例如某某人是很樂觀的、悲觀的，開朗或沈悶的，透過長期累積的觀察，從生活中表現出來的傾向，確實很容易看出一個人的特性樣貌。憂鬱症的人在尚未發病前，是否看得出潛在的危險特質呢？也許從外表看不出來，豪爽笑聲開朗，不一定就不會罹患憂鬱症；經常悶悶不樂，很少表達自己，也不一定潛在著憂鬱。

在社交場合的膚淺觀察，或者泛泛之交、或者企圖掩飾、包裝內在真正思惟，不一定能客觀瞭解一個人的內在真正情緒或大腦想法。

憂鬱症患者的主要問題關鍵，在於他們通常習慣把事情想得沒那麼好，朝向負面的可能性推論或放大原本不太大的負面，因此，萬一發生重大的傷害事件，很快地，在負面傾向的基礎上，就會如加入強大助燃劑地一發不可收拾。

當然，部分患者，並未能找到真正重大的事件，如同個案故事一的小斯，因長期大腦負面想法作怪，生活中有一些壓力持續時，累積承載的負面能量夠多時，只差來根稻草，就全盤

覆沒。

　　解決憂鬱症的問題，有一個先決而關鍵的要素～個人意願！當然，每一種身心理疾病的治療，都有這樣一個基本門檻。但是，憂鬱症者因為心情沈淪往下的拉力非常強大，將自己泡在藍色憂鬱海中，而解決策略並非消極被動，需要他自己也施點力，如同溺水者得要伸出手，旁人才有辦法抓著他上岸，道理相似。

一、淡化盤旋腦海中的關鍵創傷回憶

　　「繞著事件做無限負面的想像」是憂鬱症的患者大腦最忙的事。事件本身請別太多討論，浸淫在過去不愉快事件不斷地探討原因，試圖找出前因後果，會讓個案愈是無法從事件的情緒裡逃脫，對此類個案的傷害時間拉長，愈難控制！要知道「理解很難帶來情緒的改變」（參考四大論-創傷記憶）。

　　何況，人的大腦在不同時間、認知及心情下，記憶型態也會變化！

　　當個案有過去不愉快的回憶時，解決問題的程序，需要優先處理這些記憶，因為大腦記錄著那些不舒服的事件，可以想像的素材增多，負面情緒跟著被帶出來，於是相關的人事物或同類型情緒，也會像綁粽線上的繩索被拉扯出來，有時候，超乎想像的擴大成網，那鋪天蓋地的摧毀能量會讓憂鬱症患者，蜷曲在暗處自我啃食，不想出來……。

　　至於過去的創傷事件是否需要討論？對於傳統心理治療方式慣常使用或沿用許久的概念——「透過探討事件原因，改變個案的認知」，觀點上有強烈的抵觸，我們從大腦與情緒交互影響的不理性化，也許更能理解憂鬱症的過去創傷，「請別再」重覆討論分析它們吧！

　　多數的創傷記憶如果不是早早被遺忘，時間拉長，通常會被情緒及大腦作用，變得與原始經驗不太一樣。潛意識記錄著原來畫面其實保存不久，很快就會微妙地改變，放大、刪減部分、扭曲變形，畫面改變時情緒也會跟著變化，因為負面情緒帶動，記憶畫面被影響得更具負面形象，有時候，還會因現實狀況而有更多變數，真實與想像仍然會同時具有殺傷力，擴而大之，社會新聞或週邊現實場景有其他可能相關連結，便會想像自己就像是那主角，情緒便大量進來，一觸即發！

　　檢視潛意識視覺或聽覺記憶，往往因為主角本身強化的情緒，而將原始的資料主觀地負面解讀的狀況，經常可見。

　　所以，如果認真地分析過往的經驗，除了具學習性的價值外，對於改善情緒的效果，我認為是非常有限的。討論原因，分析事件是沒完沒了的，淡化會讓我們情緒無記憶可依著，無素材可讓大腦負向發揮，自然容易放掉！

二、消除過飽和的負面情緒能量

　　憂鬱症的情緒很多種，可能用盡許多負面情緒字眼，例

如：沮喪、煩躁、空虛、疲累、無力感、恐懼、害怕、孤單、寂寞等等，情緒出現的初期，都可算是正常的，只要五官感受仍在，接受外在訊息不斷，一定會產生情緒，如果我們覺得不舒服，它提醒的作用就達到了，因為不舒服，想變得舒服，於是我們會企圖改善，也許是人際關係、也許是個性，學習改變讓我們的人生更美好。這是負面情緒存在的價值！

　　生活在人的社群中，社會化有利於生存，但在人際互動裡多少會產生一些負面情緒，初期通常很快消散，不會累積留存，例如小孩子為了玩耍，互相爭執吵架後，三五分鐘，回頭看早已又沒事的樣子，繼續玩了。

　　年歲漸增，同類型負面情緒會累積，儲存量不多時，不易覺察，但長時間累積量達到臨界點時，就很容易一觸即發，滿溢了就往外流出，這就是憂鬱症容易聽到的陳述：「我以前不會這樣子」、「我從來就不是那麼愛哭的人」，看起來，在負面情緒累積的過程中，還沒滿之前，無所覺察的情況是常見的。

　　當負面情緒過量時，超過負荷就不容易消散。憂鬱症的負面情緒常重複堆疊，會讓人消沈，不想工作、就學，忽略正常生活的規律，而且更嚴重的是，當負面情緒出現時，大腦會沉溺在其中，引發情緒往負面一直沈淪下去，循著感覺，大腦又再撈回過去不好的回憶。

　　當負面能量出現時，若有機會與他們交談想法，似乎很高

的比例是負面的回應，負面牽動負面的吸引力法則，無盡的灰色很容易淹沒一個人，甚至一家人的生活。

消除過滿的負面情緒，在主要的「情緒區」找出那動不動就低潮、想哭、生氣的問題迴路，設定程式後，冥想練習正確清除的正向迴路，練習愈多，負面情緒出現的頻率就會明顯下降。

三、帶出陷入負面漩渦的大腦

怎樣形容憂鬱症的大腦？「你給他一樓，他會走到地下室；你帶他到地下室，他會跑到地獄」。

長期泡在不舒服回憶，及被滿溢的負面情緒拖著走的憂鬱症大腦，負面沈淪的力量大到驚人，生活中不同事件，只要經過他的大腦負面轉譯，幾乎都成了不開心的事情。最常聽到他們說：我的大腦一直轉，無法關機！甚至不重要的事也會拿來放大處理。

不論過去事件的回想、未來發生的預期，都是負面的連結，縱使眼前的事情也是憂心忡忡……

因為有過去不好的回憶作怪，他們總是因此做文章，預期未來的不好，孤單、可憐的自我暗示非常強，而要好好處理憂鬱症的大腦習慣，千萬別去討論事件的合理性！因為消極負面的想法，似乎比合理邏輯或正面的想法，更容易在他們的大腦盤旋。

重點在如何讓他們少用的正向迴路，取代他們原來常用的負面迴路，尤其是關於負面念頭紛飛的**聽覺-意念**迴路，及反覆倒帶過去種種的*視覺-情緒*迴路，一定要改變程式才能讓想法徹底翻轉，討論只會落入與他們唱反調或同樣沈淪而無奈的窘境。

找出大腦往好的方向思考的路徑很重要，未來對新的事件如何正向地解讀，會影響他們的情緒狀態，因此找到正確迴路，設定它、改變它、訓練它、強化它，看待世界的眼光會完全不一樣！

當大腦不再負面時，憂鬱症的情緒天空，才能從陰鬱漸漸地撥雲見日。

四、正面能量預防陰天

潛意識會加工，事件變成傷害是大腦加工的結果；事件變成激勵也可以是加工的產物。

情緒的抵抗力會決定判斷事物的狀態，我們每天生活中都可以找到這樣的例子。今天心情能量很棒，遇到什麼事都很容易朝向正面思考；如果今天情緒能量很低檔，即使好事也會覺得不怎麼好。我們默默地被情緒牽引著走，毫無掙扎，也不懷疑我們是被它帶著，走向人生的某種方向。充滿正面能量時，負面想法不容易出現，對於環境的橫逆或小挫折，也能讓情緒保持在解決問題的狀態，大腦可以更好的發揮創意的餘裕。

　　找出個案過去或想像中的「資源狀態*」，放大加工處理它，被稱讚、成就感、開心快樂、滿足感等等，都可以為我們的未來注入更多的活力。特別需要的正面能量是「快樂」及「動力」。

　　憂鬱症患者當他們痊癒了以後，如果能加強快樂的能量，加上驅動他們往前的動力，從行動中獲得成就感，正向帶來正向的良性循環，會讓他們離開發作時愁雲慘霧的暴風圈遠遠的！快樂的樣貌像是從沒進去過那暴風圈似的。

　　另外，加強自信能量，某些個案會需要此能量，尤其一些家中保護過度的孩子，因為生活訓練不夠，對自己的看法沒把握，因此特別需要。

　　找到正面迴路後，要不斷地加強它，讓它經常充電，能量飽滿。因為它不像負面能量會累積儲存，它比較像手機的充電系統，要常常插上電，補充能量。

註：

*資源狀態

　　自己知道或不知道的優秀潛能，也就是可提供解決困境的特質、知識、經驗、環境或能力等。NLP 會運用個人的資源狀態來處理及改變困窘的現狀。NLP 的概念認為：每個人都擁有解決問題的豐富資源。

外在物質化環境，取得的快樂容易得到所謂小確幸，但無法深植內心，不容易持久，運用正面能量迴路，引用過去潛意識曾經的能量，產生內在快樂滿足時，那是一種有溫度且持久的快樂！

CHAPTER VI

強
迫
篇

A. 清潔篇

B. 整理篇

　　反覆的想法及行為，如同撞牆式的來回亂闖，像是住在無形的牢房中，不得其門而出。

強迫症個案故事一　洗眼睛可以洗去畫面嗎？

　　30 歲的安迪告訴我：每天重複最多的事就是洗眼睛！認真洗完幾次會覺得舒服許多，但也精疲力竭了！

　　不像一般男生大剌剌的動作，碰觸桌椅、打招呼都顯得謹慎小心的安迪，說話如同他白淨不曬太陽的皮膚，細緻無力，這病症似乎把他的元氣消耗殆盡。從小被父母要求功課要好，成績要高分，因此不論大小考試，都很仔細檢查，因為怕犯錯被扣分，非常用力地重複檢查。

　　國中時青春期的他，也許精神壓力影響，開始掉頭髮，常常擔心，甚至幻想會禿頭，在路上或其他場合，看到禿頭的人經過會特別害怕。到了大二，母親因病過世，之後膽子小的他更是提到「死亡」就焦慮，常預期不好的事會發生，腦海中充滿不同親人死亡的畫面，害怕的他，只好透過努力聯想健康的某人，來覆蓋那些死亡的畫面，才會稍稍鬆一口氣。

　　而謹慎小心的特質，往往在大腦挑選好的健康者的畫面時，挑剔了起來，一旦不好的畫面出現，他就得趕緊找好的健康畫面來覆蓋，但只要健康畫面有些微瑕疵，他就會不滿意而放棄，於是不斷地找，挑到後來，因為找不出完美人選而愈來

愈焦慮，腦海中被停不下來的畫面佔滿……

於是，水龍頭下開大水用力沖「洗眼睛」，成了求診前救贖自己的最後手段。

強迫症個案故事二　醫療世家的潔癖

從學生時代就常被灌輸衛生教育，加上家裡許多醫事相關人員，梅樺比一般人「愛乾淨」。在學校上課時，這習慣讓她被班上同學排擠。下課回到了家，家境不差但氣氛沒成正比，父母常在孩子面前，毫不忌諱地大吵，讓梅樺的心無法因為回家覺得溫暖而安定下來，反而更加緊繃、焦慮。

不知從哪時候開始，她擔心害怕被傳染疾病，只要曾與家中病人接觸或靠近，她就會拼命地洗手，怕髒、怕病，尤其怕新聞常聽到的 AIDS 等傳染疾病，每天花很多時間躲在廁所裡面，不斷地清洗。

如今幾年下來，她不一定因為髒才洗，有時候回想過去的不愉快事件，例如父母爭執、同學排擠等等，也令她焦慮難安，連帶引發怕髒的情緒，於是清洗不斷……。

強迫症個案故事三　流水不斷的帳目，帶走青春

　　會計工作的小劉，因為心思細密，認真負責，中年的她被公司重用，升遷到高階職位，負責審核公司資金流向，極機密資金的記帳。好不容易得來的好工作，讓她更加戰戰兢兢，深怕有所疏漏，造成公司損失，因此總是一而再、再而三，來回重複檢查，儘管如此，仍然有一兩筆不小心的錯誤，造成她更加戒慎小心。

　　工作中，太怕出錯，常常出現擔心的意念——「會不會又錯？」的不確定感充斥，前一陣子，同部門的同事提醒她，最近加班時間太長，要注意身體哦！原來，她為了避免犯錯，不知不覺已習慣重複檢查，來回數次，一份資料的確認，幾乎會花上過去 10 倍左右的時間，加班時間越來越長。

　　不確定感延伸到她獨居的生活中，門窗、瓦斯開關也難逃她重複檢查的習慣，終於有一天，被她一年見一面的好友發現，才強迫揪她出來就醫。

強迫症的解析

　　近幾年來，強迫症的案例有愈來愈多的趨向，據美國的資料估計每四十人就有一人罹患強迫症。而門診來診個案數量僅

次於失眠、憂鬱症的個案量，約有 25% 之多。

　　強迫症患者最忙的器官非屬大腦不可，成天忙於應付各種古怪的想法，焦慮的能量不斷地透過行為消耗輸出，試圖避免想像中災難或令人厭惡的感覺發生，儘管他的行為與想像中的災難或現實並不一定有任何關係。當平靜非發作的情況下，他的大腦意識都知道不需要過度反應，不過，一旦強迫思考侵擾時卻仍失控地深陷其中。

　　比方說遠遠看到一輛垃圾車路過，明明有些距離，腦中一股很髒的厭惡感襲來，就會無法控制地要去洗手、洗腳做清潔動作。這種強迫意念入侵並非自己遭遇到實際的接觸，只要周遭事物與厭惡、焦慮情緒有一點相關，強迫意念就會排山倒海地襲擊。

　　這種意念通常不會自己消退，所以個案很難不去理睬，當強大意念充斥著大腦，以至於整個腦只想著這件事，好像大腦被鎖住，因此西方研究者稱強迫症為「腦鎖」。當大腦卡住的時候，明明已完成必要行為，如洗手、檢查等動作，大腦還是會不間斷發送訊息：「不夠再洗，再檢查」！對一般人來說已經夠了，但對強迫症者來說，如果中斷這些行為，強大的情緒焦慮會令人無法抗拒，大腦始終執著這未完成的儀式，整段時間充滿焦慮而無法做其他的事。

　　當一個強迫意念發生時，重複來回的動作初期，也許會讓個案暫時得到舒緩，但是到後期重覆的強迫行為卻會是惡性循

環的開始，令外人無法理解的荒誕行為，往往會讓他承受相當
大的壓力，除了強迫本身的強大負面情緒能量外，還要忍受旁
人異樣的眼光，這樣的壓力讓原本的問題變本加厲，焦慮感更
深重，大部分時間虛擲在強迫症的反覆想法及行為當中，像是
住在一個無形的牢房中，不得其門而出。

　　根據門診個案發現，強迫症患者好發年齡多在青少年至成
年階段，造成困擾的因素常千奇百怪，如果歸納他們的生活模
式幾乎有共同點，這類的個案生活普遍沒有目標，抗拒心強，
縱使有課業壓力，也呈現沒事做的狀態，任由大腦胡思亂想，
就像養了一匹野馬成天在腦中亂闖，尤其撞牆似的矛盾思考模
式最常見，而且這類的大腦想法多半不是令人愉悅的，因此牽
引著情緒跟著焦慮、厭煩、及嫌惡感。

　　只要這類情緒能量超過身體能夠承載的程度，強迫症就已
經形成了，而這類負面情緒卻毫無止境的增加，除非我們能夠
改變自己的生活習慣與思考模式。

　　另一年齡族群──成年後的強迫個案，可能上大學或就業
初期，會有來自環境的壓力，例如人際關係不順利、工作學習
受阻、擔心犯錯帶來嚴重後果，因而造成重複確認；或是夾帶
著抗拒心及厭惡的焦慮情緒，無法控制的想法、行為開始不停
地重覆。

　　社會新聞或天災疾病流行等，也會讓他們擔心意念升起，
心情焦慮而反覆洗手、整理或檢查，總之，他們的大腦像內外

都裝了天線的偵測器，不論環境傳達了什麼訊息，或無事卻自己內在莫名飛來奇想，都會讓他們無限聯結，大腦開始撞牆式的想法，忙上一陣子，直到儀式結束才罷休。

強迫症心腦重塑四步驟

　　強迫症與其他情緒疾患比較不同的是，由於過去創傷事件影響的病例並不高，約只佔一到兩成，與恐慌症、憂鬱症等，因為過去強烈的事件創傷聯結，有很大的不同。個性特質或者說思考習慣所佔的影響遠大於其他疾患！

一、不安全畫面處理

A. 淡化過去創傷記憶

　　單純因為事件創傷，引起恐懼而造成強迫症的案例，佔比例很低，例如火災、被偷竊經驗，對門窗、電器、瓦斯開關有不安全感。但這些回憶仍然會重複在腦海中播送。這類患者的主要負面情緒，例如恐懼、害怕、厭惡、沒安全感等，促使他們的行為或思想，為了因應這些情緒擺盪，而產生來回地防禦性動作。

B. 消除幻覺記憶

　　遭遇到不舒服事件的創傷，在強迫症來說，並不多見，但是到底主要是什麼在干擾他們呢？出乎意料地，竟是自己的大

腦加工的「幻覺」！

　　然而，「幻覺」是怎麼來的呢？前面提到，強迫症患者個性特質影響很大，疑神疑鬼、容易討厭某些人或事，當他們聽說或看到相關報導時，自己的大腦會無理地加強害怕事件，繪聲繪影地勾勒與聽聞有關的影像，轉化成視覺畫面，不斷地強化之。例如遠遠見到垃圾車經過，大腦立刻幻想手上充滿細菌的可怕畫面，因為強烈的負面情緒，不論厭惡或懷疑等不安全感，都會反覆回想，讓這些僅僅是想像的畫面，變成他記憶的一部分。

　　為了不讓這些「假的」記憶繼續作怪，仍然要將它們淡化，不再一直干擾患者的情緒，這是讓他們大腦「無所本」而做出一些假文章的第一步！

二、減弱多種身心負面情緒

A. 減弱擔心害怕等負面情緒

　　煩躁、厭惡、焦慮、罪惡感等感覺，是這類患者主要的幾種負面情緒。極度討厭某些不乾淨或不安全等的狀態，強烈地想去矯正那些狀態，負面能量高漲，必須找到疏洪的管道出口，能量才能釋放。

　　例如洗手、洗澡、新衣服等清潔動作，或是檢查門鎖、開關、整理物品排序等，都是他們釋放那些負面能量的方式，在還沒解決他們負面情緒之前，那些行為仍然是能量出口，不必

急於阻止他們別做這、別做那、甚至停下來等，那只會增加他們的焦慮感，累積更多負面能量。

　　如何處理這麼多的負面情緒特質？如前述，胸腔的「情緒區」是許多負面能量加壓及儲存的區域，從中找出正確的排泄負面情緒的路徑，設定新的正向迴路，加強冥想練習，蓄積的負面能量透過練習，逐漸消失淡化，那些極端的情緒就會漸漸失去影響力，重要的是，他們也就不會一邊帶著厭惡的情緒，一邊因為批判自己而又有罪惡感，交雜擺盪的跳針情緒消失，會讓患者放鬆不少。

B. 消除強迫行為的肢體情緒

　　重複的動作，往往是強迫症患者及家人覺得最尷尬的事，負面能量透過肢體動作發洩極端的情緒，因此要找出執行強烈動作的主角——通常是手或腳！

　　找出潛意識感到髒或亂的時候，手或腳的感覺，及所呈現的強烈訊息，透過 NLP 手法，消除習慣性手腳的反覆行為的程式，處理淡化使之成為中性，而不再有飽滿的情緒，之後，動作會慢慢變少、頻率降低、強度減弱，逐漸地回到正常的能量反應狀態。

三、改變大腦重複的慣性迴路

A. 改變強迫「回想」迴路

　　個案在發病前的早期習慣，通常早已有跡可循，例如容易

回想過去的事，要確認後才放心，對許多事保持懷疑，當這樣的思考習慣養成後，對不確定的事更加重懷疑心，往壞的結果推論。發病後，一點點髒即無限聯想到細菌、病毒滿佈，手腳洗不停，強迫症狀就是這樣造成的。

他們大腦的視覺區域過於活躍，不斷地出現重複的影像，可能是髒的、災難的或恐怖的畫面，加上他們慣有的不確定感，因此一次又一次地來回動作，就為了滿足不確定、沒安全感的情緒，例如看到一位老人家，身上沾染了污物，大腦會去回溯想著他走過的路線、碰過的桌椅、牆面、門窗等，不斷地衝動想洗手，往往洗了十幾回後才能停下來。

千萬別理性地與他們討論，直接設定大腦**視覺-回想**迴路，做冥想練習，內在不安全景象不再一直重複出現，才能阻斷洗手的清潔行為。

B. 改變強迫「意念」迴路

「不乾淨！還是不乾淨」、「沒關好嗎」、「很髒、還是很髒，再洗一下」、「有沒有關好？」等等一些從強迫症患者大腦冒出來的想法，往往充滿了不確定性，大腦發出確認訊息，身體執行動作，消解或釋出能量，再回到大腦反問「是不是？」「確定嗎？」，兩個答案間擺盪，如同跳針反應的來源，與負面情緒交互作用的結果，讓這些動作像是沒完沒了地停不下來。

設定**聽覺-意念**迴路，改變停不下來的否定問句，無厘頭

的跳針式的思考模式，重複的想法及行為才能緩和下來。

四、強化多種正面能量 預防再發作

一種情緒疾病的形成，通常有一些個性特質、思考習慣等因素綜合交織而成，但並不是所有人都會因為這些特質而有類似情緒問題，重要關鍵在於他是否擁有「正面能量」！這會讓他大腦擺盪的角度不同，天平勝出的一方是正面的能量，就能讓他跳出那種擺盪跳針的循環鍊，而得到情緒的解套。

強迫症患者應該是所有情緒疾患中，缺乏最多種正面能量的一群！

A. 自信

對於自己的確定感不足時，會反應在他對周遭環境事物的看法，缺乏自信的人，不論對於自己的看法或他人的評價，往往都會在內心產生問句，所謂 OS 內在對話特別多，動作或想法上的擺盪或跳針也是源自於缺乏信心，不相信外人或反覆問自己的呈現，父子騎驢的故事常在內心上演。

B. 安全感、勇氣

與自信有非常大的關係，通常是指對環境或所遇到的一切，能否以勇敢的心情去面對及解決。

對於自己沒把握的人，通常對他人或環境也同樣缺乏信心，覺得別人不夠乾淨，環境被污染等懷疑，讓這類患者到陌生環境，會有相當大的不安全感，因此萌生退卻想逃避的心

理，大腦擺盪懷疑的想法就被活躍起來，動作重複加劇，頭腦思緒緊繃的狀況升高。

C. 動力、熱情

因為明瞭重複動作或想法，而帶來的時間浪費，或顧慮家人擔心，都會讓強迫症的案例不想做事，缺乏動力及熱情。事情因為缺乏動力而沒有解決，耽誤的事更容易造成焦慮，讓強迫症狀更明顯。

加強這類的正面能量，會看到個案的生活開始產生明顯的變化，日常瑣事纏身所消耗的時間縮短後，原來有其他更有趣或更趨近夢想的事，就可以著手放心去做！

以上都有不同迴路的設定，一樣透過個人特定迴路的冥想練習，個性特質會大大地朝向正面陽光，原來的問題就不容易因為負面情緒或想法而再來困擾！

CHAPTER VII

思覺失調篇

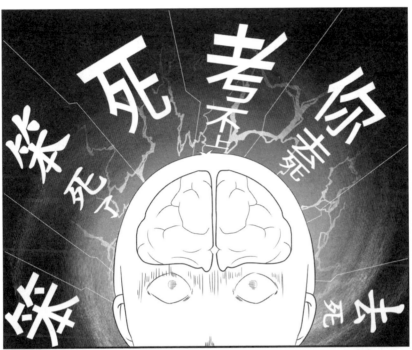

　　隨著恐懼、害怕或憤怒，大腦不時竄出的幻聽、幻覺，成了生活中播放不停的微電影。

思覺失調個案故事一　情傷被藥物囚禁 20 年

　　因為初戀受阻，情緒打擊大，至今服藥 20 年，中年的曉美受不了藥物讓她記性變差，自己開店做生意，老是罵完員工才驚覺錯的是自己，決心不再被藥物控制！

　　20 幾年前在校園的初戀，愛的刻骨銘心，但父母都強力反對，衝擊大到男友鬧自殘，至今 40 多歲仍持續痛苦內疚，期間因家人移民，一個人獨自在台，漸漸出現幻聽、幻覺症狀，嚴重時甚至有兩次被迫住院控制的紀錄。

　　腦中傳來他人責怪的言語、男友咆哮的聲音，不分白天或晚上不斷地干擾，侵蝕著她的心志，性情變得易怒、焦慮，甚至雙腳也出現躁動的失控症狀。分不清是病況加重還是藥物的副作用，動作不協調的頻率愈來愈高，最後老闆只好換人做，自己先退到幕後休息治病！

思覺失調個案故事二　當青春遇上信仰

恩旺從小跟著父母的宗教信仰，非常虔誠！也確實表現較一般孩子乖巧。

直到上了高中，開始對異性好奇，只要看到某些「性」相關訊息，便很容易聯想，漸漸出現性幻想。另一方面，從小紮根的虔誠信仰，讓他對異性的想像，產生強烈罪惡感，而每當不自覺產生性幻想時，腦中就會出現牧師的斥責聲音，青春期好奇心強的他，愈是想看暴露的圖片，腦海中幻聽的聲音就愈強烈。

如同許多青春期孩子一樣，如果被大人要求做某事，心裡通常想唱反調，而恩旺的狀況卻是大腦傳來另一個喝斥的聲音，會要他去反抗其他人。男女合校的他，如果在校園中看到漂亮女生和男同學說話，不但會生氣還會引發胸悶、反胃的生理反應。

罪惡感、不安全感、易怒、反抗心等負面情緒，伴隨著他大腦不時竄出的幻聽、幻覺，成了他生活中播放不停的微電影。

思覺失調個案故事三　思春期的思覺失調

小萍剛升上國二，同班同學沒變，但班導師換了位年輕男老師，原本不太說話，個性安靜的她，因為人緣不太好被排擠，把注意力都放在新的男老師身上。

上課時偷偷愛慕著老師，心中有許多青春期的幻想。下課回到家，書本攤在桌前，心神早飄到偶像劇的劇情中，幻想女主角是自己，男主角是男老師，愈想愈逼真，心裡春心蕩漾，某天下課去辦公室，看到只有男老師在裡面，竟然衝動告白，結果被好心的老師婉轉拒絕。

思春的心情並沒減少，但告白後多了羞愧感，讓她開始有了幻聽，之後不論上課或在家中書桌前，老是陷入幻想的羅曼史情節中，接著幻聽聲音出現，喝斥的語氣像是羞辱她，又像是阻止她不應該的行為，慾望與倫理規範像兩股風暴夾擊，矛盾焦慮的心情下，幻聽愈來愈嚴重，偶爾她會自言自語，試圖與那聲音對抗。

思覺失調症的解析

許多人或許都曾看過某個路上的行人，口中念念有詞，看起來身旁並沒有他人，也不是在講手機，獨自一人走著走著，不知道和誰說話，表情呆滯或微笑或生氣，有時低頭喃喃自

語，有時則慷慨激昂，眼睛飄向空中或無人處，儼然有人在與他對話，旁觀者卻都看不到是誰！

早期社會會替這種人貼上標籤，「魔神仔附身」之類的說法，或者說是「中邪」！現代醫學則稱之為「精神分裂症」，近幾年改名為「思覺失調症」。

思覺失調症到了重度的階段，呈現的樣貌大約就是上述看到的景象。到了這樣的程度，以現代醫療來說，多半已很難處理，只有靠家人陪伴，盡量減少問題往外擴散或衍生。但是如果在初期階段，是否有機會治癒呢？我認為這是治療的黃金期，而我們又如何觀察個案是否是思覺失調症呢？

外觀也許看不太出來，個案本身的敘述是辨識的根據。例如，他會說聽到什麼聲音，實際上，並沒有其他人在場說話，聲音的來源似乎像從他自己的腦內傳來，而且還聽得出來是男生或女性的聲音，口氣可能是命令的、生氣的，也可能是溫柔的、或慈愛意味的，這就幾乎可以確認是「幻聽」。

另外，所謂的「幻覺」也常出現在初期患者症狀中，他們通常會疑神疑鬼地問其他人，剛剛是不是有誰經過？做了什麼事等等？在場的人往往一頭霧水，幾次類似的經驗後，幾乎就可以確認是否具有幻覺的典型症狀。

「思覺失調症」的初期主要症狀是幻聽、幻覺，有時因為呼應內在的聲音，會喃喃自語，外觀不明顯有何病態，個案自己如果可分辨那是「非正常」狀態，不是自己的聲音或真實影

像，問題就會比較容易透過潛意識引導，減弱腦海中的聲音或影像，但若是個案自己覺得「那是真的」有人在與他互通信息，不論聲音或影像，很融入地享受或相信那些幻象，即所謂缺乏病識感，家人也只能愛莫能助地要他用藥來「控制」！

「思覺失調症」初次發作的年齡，男生多落在 15～25 歲；女性則在 20～35 歲，更年輕的青春前期或 40 歲以上的中年較少見。可以說剛好都是人生最重要的黃金學習階段，如果就此中斷學習或就業，非常可惜，只不過一旦開始用藥，許多個案多半就可能因為藥物的作用開始失能，而很難有正常的學習或職場生活。

到底，思覺失調症是怎麼發生的？如果要像一般醫療資訊所宣稱，情緒疾患多由遺傳因素造成，是很難找到證據的。在我的臨床觀察中，2/3 以上沒有家族病史，如果沒有後天因素，如何激發那些所謂遺傳的基因呢？

根據臨床看到的案例，多半可找出思覺失調症致病的兩大脈絡：

一、大腦思考習慣

來看一個故事：

陳同學自小害羞，不喜歡與班上同學互動，每天上課時常望著窗外天空發呆，有時喃喃自語，有時回頭對著人痴痴地笑，偶爾出現怪異聲音，有時會莫名談到奇怪的事情，沒有人

知道他心裏到底在想什麼，甚至有時會無來由地害怕而躲起來，別人問他在想什麼，他會逃開，在國中階段成績還可以。父母看他乖乖的，成績尚可就沒多留意，到了上高中，發現他晚上情緒容易失控、睡不著、成績明顯退步，時常抱怨看到恐怖的事，聽到有人跟他說話，直到看到他對著天空叫罵，才知道「代誌」大條了。

在大腦發展的黃金時期，未成熟階段任由意志帶領，做一些不適當的幻想，而且時常沈溺於恐懼的想像裡，大腦就會把這些幻覺的思考模式變成習慣，成為人生的經驗。外在環境只要給個刺激，如同一匹野馬失控在腦海裡狂奔，經常處在幻想之中，時間一久，大腦最活躍的區域就是幻覺區域，因為它最常用，等到大腦完全成熟後，它已經幾乎被定型，不容易改變了。

二、早年經歷創傷

除了思考習慣造成大腦失控外，太大刺激的壞經驗，烙印在早期的大腦，過滿的負面情緒，是另一種思覺失調的原因，以下是一典型案例：

建飛是家中盼了許多年才生下的庀子，備受寵愛。恃寵而驕的特質到了小學五年級，因為看不順眼他平常愛現的樣子，班上幾個男同學聯合起來，躲在放學回家途中，一條很少人經

過的小巷內，趁機狠狠揍他一頓，還警告不准告狀。

　　從此，每每要上學就有恐懼感，擔心他們會不會再找他麻煩，上課中無法專心，常常出神幻想他被打得很慘的可憐樣，心裡委屈又很氣，總想著有機會要反擊回去，讓他們好看，又怕又氣的情緒交戰著，發呆的頻率變多，腦中開始聽到低沈卻勇氣十足的男聲：「怕什麼！看誰厲害？」的強悍聲音在鼓舞著他，但偶爾也會聽到對方一群人的恐嚇聲：「跩什麼？打到你不敢來上學喔」。

　　隨著幻聽幻覺症狀加重，課業無法勝任，父母帶去身心科求診後開始了十年的用藥，如此的長期用藥令他即使畢業，勉強完成學業也無法正常就業，直到來我診所治療後把他的藥物戒除，沒有用藥的呆滯眼神，他終於像個「年輕人」，開始打工自給自足。

　　思覺失調症的不易治療，除了藥物造成大腦呈現遲緩狀態，不易配合潛意識運作外，另外一個關鍵則是個案的「病識感」，相信幻覺幻聽的內容，融入其中劇情，像是生活在異次元時空的人，很難回到真實的生活。

　　但是，「病識感」是什麼？

　　感冒咳嗽了，知道生病，恐慌發作，心臟狂跳也知道有問題，而思覺失調症是大腦指揮中心出了問題，極少人會懷疑從自己大腦發出的訊息，通常信以為真。如果萬一大腦發出錯誤

訊息，例如有某些聲音或一些幻想影像，它們實在太真實以致於很難判斷是真實或虛幻，有多少清醒的意識能判斷那不是「正常」呢？

各種情緒疾患多會面臨的狀況，有些人寧願停留在大腦的想像裏，不願回到現實，很可能因為疾病會帶來許多周邊的好處，好發在青少年階段到踏入社會的年齡，如果可以不用上學、就業，還可以倍受關注，享受因為生病帶來的特權，實在很難啟動他們自己的強大恢復意志。

思覺失調症心腦重塑四步驟

大腦的指揮中心失去控制，主要的感官接收系統，聽覺、視覺似乎被惡魔強行佔領，不由自主，無法從心所欲。我是誰？誰才是我？該做的事無法認真地做，不該做的事或不該說的言語，頻頻跟自己作對，愈來愈不像原來的自己，指揮中心如何奪回自主權？有什麼樣的餘力可以「拯救山河」呢？這就是思覺失調症的錐心之「痛」。

一、早期創傷記憶或幻覺影像處理

大腦雖說是人體的總指揮，難免也會被真假實虛所迷惑。因為過去強烈的創傷，造成情緒極端的害怕、恐懼的相關經驗，一定要從大腦資料庫中淡化，避免老是不由自主地冒出來

做怪，即使過去了，記憶卻鮮明易提取，再揀拾眼前的現實，用自己的害怕、恐懼包裝成新的恐怖事件，臆測、幻想多來自於原始事件的強烈情緒，所以過去影像最好盡快消除。

存檔影像是否真實發生，已經不是探討或解決問題的重點，重要的是影像是否常常出現在腦海中？如果是肯定的，一樣需要儘量淡化、刪除視覺記錄畫面，讓大腦無法憑空製造負面聯想及虛構幻覺。

二、主要強烈情緒的轉化

強烈的恐懼、害怕總是牽引著大腦，去注意或臆測下一刻會不會「怎麼了？」

疑心生暗鬼，恐懼、害怕所導致的焦慮，也是產生新幻象幻音的主要負面情緒。

從身體儲存負面情緒的「情緒區」，找出累積的路線，調整清楚的正向迴路，透過特定的程式化冥想，減弱引起幻覺幻聽的負面情緒後，強烈的恐懼、害怕，慢慢緩和下來，平常的從容自在，才會讓原來困擾的聲音、影像不會再隨時出現，干擾需要正常生活的大腦頻道了。

三、大腦指揮中心的重整

「眾將官，聽令！」正邪兩派無法區分的大腦作戰系統，正是思覺失調症者的處理重點。到底該聽誰的？正確方向靠大

腦指揮中心引導的我們，人生並無法任由惡魔系統指揮的幻音、幻覺來帶領啊！

首先，外人是聽不到個案本人陳述的內在聲音，需要他提供線索，找出大腦幻聽聲音的出處，藉此，設定特定冥想迴路，來消除過度活躍的大腦幻聽區域的異常作用。

通常，個案聽到的幻聽會有兩種類型，一是尖銳、快速、高頻、大音量的聲音特質，內容多半是指責、謾罵、恐嚇為主；另一種是低沈、慢速、輕聲的語氣，內容則以一般聊天、告知、建議或指示為主。前者的干擾比較嚴重，情緒波動大，容易有失控舉動，行為外顯性較強，旁人比較容易會觀察得到。

而幻覺是指以影像呈現的畫面干擾，通常與情緒連結關係強，例如特別恐懼、害怕哪一類的事件，大腦就會自動播放出災難式的預測畫面，反應個案的深沉害怕。

思覺失調症的兩大處理迴路有：設定正確路徑的**聽覺-意念**的大腦迴路，透過冥想練習，腦內出現陌生人說話聲音的頻率，會降低或漸漸消失。**視覺-回想**的迴路的調整則是為了幻覺影像的處理，讓正常的大腦走對的迴路，思緒才會正確地走在「真實」生活的頻道上！

四、注入正面能量

找出這類個案最欠缺的個性特質，就瞭解該給他什麼樣的

能量。思覺失調症患者的早期性格通常是比較不勇敢、或缺乏安全感的人。

　　在引導他的大腦操作這類冥想時，要找出早期的資源狀態通常比較難找到。透過設定神經迴路冥想程式，不斷地累積練習，自然逐漸會有內在源源不絕的勇氣及安全感。當然，如果快樂、自信也可加入的話，大腦會隨著主控權取回，而愈來愈自在。

CHAPTER VIII

口吃篇

　　口吃患者通常缺乏自信，情緒及大腦干擾下，話在嘴邊，口難開！

口吃個案故事一　驚慌失措的童年經驗

　　「陳小明！第五課第一段念一遍！」連課本都還來不及找到的小明，緊張到褲子一陣暖濕，「天啊！尿褲子了！怎麼辦？」又急著站起來，匆忙翻開課本一開口，便是一字一字斷開的結巴語句，眼睛看懂文字，心裡慌得卻無法從嘴巴吐出那發音，愈唸愈不順，到後來他只記得臉頰發熱，被老師責罵後滿臉漲紅地坐下。

　　從那次國小四年級的經驗後，只要被老師點到名，講話都結結巴巴，跟同學一起也常被笑或模仿，硬著頭皮上台更是讓他出糗到無法言語，漸漸地，任何場合能不說話就不說話，退縮保守地反應外面各種為難窘境，也無法因為少說話而改善口吃的行為，似乎仍隨著年歲增長，結巴的情況更加嚴重。

　　經歷了多次的語言治療，學會了腹式呼吸，配合語言矯正，閱讀報紙及放慢說話的速度，但是只要真人實境，與陌生人對話、上台報告，仍然是緊張結巴，第一份工作明明業績表現不差，遇到與主管構通，就是支支吾吾的，懊惱該怎麼辦？

口吃個案故事二　忙碌的大腦聽不懂

「當你看到他兩眼盯著你看，專心聽你說話時，別以為他『真的』在聽！」智明的媽媽補充陳述她這幾年對孩子的無奈。

多工交織的忙碌大腦，要回溯到他早期的習慣。從小智明就是個自動自發，父母放心的好孩子。自我要求功課要達到前幾名的認真學生。小學五年級因為成績好，姑姑送了一台遊戲機給他，之後，習慣自己看書的他，開始有遊戲機陪他，起初看書 30 分鐘，玩個 10 分鐘，愈玩愈有趣，索性邊看書邊玩遊戲，漸漸地他發現，看書時其實只有眼睛在書上，大腦飄出許多畫面、聲音（音效），之後，唸書的效率愈來愈不理想，心情受影響，與同學交談互動時，常常會聽到同學喊他「ㄟ！你有沒有在聽啊？」

他描述在聽別人說話時，包括老師上課、父母交代事情、同學聊天等需要傾聽時，腦海裡常飄出許多想法、畫面或者誰說過的話，讓他沒辦法專注地聽，常抓不到重點，反應不是慢幾拍，就是「蛤？你說什麼？」之後在說話時就出現許多「疊字」，而且是第一個字常常卡住。

常無法瞭解別人說話而答非所問，若再加上緊張心情就會延長卡住的詞句，往往讓旁邊聽的人不耐煩。這就是訊息雜亂大腦的結巴，和咬音發聲沒有直接關係。

口吃個案故事三　嘴巴跟不上大腦

Johnny 是個許多人稱讚頭腦靈活的聰明人。記得他唸的是熱門頂尖科系，從事的是電腦程式設計師。

獨處時，他思緒動得很快，完成工作效率極受主管好評，但是，若是開會時，他頭腦仍然運作快速，輪到要發言時，想說的話，卻像是排成長列的火車，一時擠不出山洞口似的，過多想法要表達，嘴巴卻跟不上，句子只好斷開成一個字一個詞，大腦來不及檢索哪句話要先出來，他形容那就像塞車的情況。

原來很有想法的人才，因為公開表達不順暢，工作位階升不上去，交女朋友也有被取笑的不良經驗。原來對於自己的專業很自信的他，漸漸被那些負面事件影響，表情不再輕鬆，神采也失去了年輕人的光澤。

口吃的症狀解析

口吃是病嗎？它是遺傳的嗎？除非是腦神經受損，如阿茲海默症、腦性麻痺或中風等，他們是 24 小時的口吃，甚至吞嚥困難。撇開這些神經系統疾病，我們常見的說話結結巴巴就是俗稱的口吃！

口吃不是病，充其量只能說它是一種症狀，一種因情緒及

大腦想法影響下的「不通暢」表達，幾乎每個人都曾有過類似口吃，說話結巴或卡住的經驗。

在30年前，醫院裡常看到一些父母帶孩子來，認為他「嘴巴」出了問題，因發音不順或有口吃現象，聽說會被要求剪舌繫帶！後來證明這種手術是幾乎沒有效果的。

十年治療口吃個案經驗裡，他們有一些共通性：

1. 和朋友一起唱歌時都沒問題
2. 私下唸報紙多半發音正常
3. 某些情境下，結巴不順暢
4. 有些人會有生理症狀
5. 特定發音或第一個字會卡住
6. 個性容易緊張，缺乏自信

既然有說話正常的情況，他們就不是咬字發音的生理性疾病！是否在某些特殊狀況，曾經有過去表達的不舒服或不順利的經驗有關。如與人談話、上台、講電話、眾人前發言等，多半會伴隨某些情緒，如緊張、焦慮、害怕、急迫等情緒，身體接收這些情緒訊息，而引發某些生理症狀：心悸、喉嚨緊、嘴巴僵住、舌頭卡，甚至肚皮緊等，這時候他們會不太敢講話，愈不敢說話症狀就更明顯。

惡性循環的結果讓他們信心盡失，每次要開口前大腦就暗示自己：「可能會口吃吧？」於是，結巴的慣性逐漸形成，大腦在類似情境就會傳達命令給身體：喉嚨緊起來、嘴巴僵、心

跳快、有時候還會手腳同步用力，但是只要不開口，這些地方就會鬆掉。其實當他們放鬆及平靜時都可以順利地說話。

身體總是呼應著我們的情緒想法。例如，當我們在車站等車時，遠遠見到你要搭乘的列車開過來了，大腦意識到那是你要上的車時，念頭一起，手腳便開始不自覺加快動作，呼應你的大腦想法。

準備說話前也是如此。當我們意識到某些特定情境時，過去曾經感知到「不妙了」的訊息，好像電腦程式中毒，啟動中毒程式時就當機，人腦也是如此，當它啟動相關情緒訊息，特定的身體部位開始呼應，卡住的器官影響了說話表達，而當情緒減弱了，身體症狀又隨之恢復了，情緒增加時症狀就加重，週而復始，口吃的慣性於是養成。

另一種造成口吃的情況──模仿！語言是後天學習來的！生長在哪裡，就會自然而然以當地母語為主，小時候所學的初期語言最深刻。當家中有結巴的模仿對象時，就可能因為好玩而學會口吃，自然而然成為一種語言習慣，算是把這個結巴方式烙印了，更明白的說，我們在幼年學習語言的模式，像電腦後台輸入程式一樣，寫在我們的潛意識裡，等到長大後就會受制於這個程式，明知道不好卻已經不容易改變。

當大腦啟動口吃訊息，不論緊張、擔心等情緒，會迅速將此訊息傳達給相關身體部位，形成一串連鎖反應，我們稱它為程式化慣性反應，也是身體的情緒記憶，形成慣性就意味著大

腦已經寫入了口吃程式，情緒來傳達訊息，口吃行為只是執行大腦的命令而已。

由此推論，如果可以拆解程式，降低相關情緒反應，說話不就可以順暢了嗎？歸類來說，臨床常見形成口吃的因素

1. 早期創傷經驗，表達受阻
2. 童年好奇或模仿長輩的經歷
3. 長期不敢與人溝通，造成緊張害怕
4. 專注力不足、容易分心引起
5. 大腦思維過快，嘴巴跟不上
6. 大腦暗示性負面念頭過多
7. 成年後的結巴：重大情緒事件的引發
8. 肺氣不足，說話虛弱無力

口吃心腦重塑四步驟

要處理口吃症狀，會依據個案不同引發因素來決定處理的順序。

一、早期表達的創傷經驗淡化

過去口吃記憶：被笑，自覺羞愧，被糾正等潛意識的畫面。小學被點名站起來唸課文、上班開會講話打結等，莫名就會浮出有關開口講話被笑的失敗經驗，最好趕緊刪除或淡化，

這些記憶存檔畫面愈多，潛意識暗示再次失敗的連結就愈強，大腦負面的自我也會因此容易作怪。

二、調整緊張害怕等負面情緒

這個階段，阻礙表達的負面情緒是處理的重點！

1. 找出主要情緒累積的身體位置

如胸口的心悸、胸悶，咽喉發聲處，喉嚨緊，嘴巴僵住等，其他如肚子緊縮感等。人們對於自己當窘於表達、不知所措的尷尬形象，在潛意識中幾乎都有線索可循，哪些器官會在緊張時出現異狀，每每在口語不順之前出現徵兆，這些連結就是程式，也就是制約。

有結巴困擾的人，面對令他緊張的場合，心跳加快、喉嚨聲帶肌肉緊繃，當要開口時，空氣無法震動聲帶，即使嘴巴已準備張開，聲音出不來，啞口僵住……

運用 NLP 的手法，破解慣性連結的制約程式，沒有身體器官的暗示，緊張的情緒不會作用在口語表達的器官，問題就會縮小，愈來愈好解決。

2. 主要情緒減輕：緊張、急、累、激動、害怕

「緊張」是所有口吃的個案共同的主要引發情緒，其實，我們因為緊張而講不出話的經驗是非常普遍的，曾有資料顯示，當人類大腦在負面情緒高漲時，智商反應思考力會下降，有些人會手足無措、一部分人表情呆滯，若需要說話，卡住的

機率大大提高。

　　設定「情緒區」迴路，降低緊張、害怕、焦慮、急等阻礙溝通的情緒，同步解除喉頭聲帶的緊繃感。

3. 慣性口吃行為的消除（身體情緒記憶）

　　身體的特定感覺，例如：口僵，臉繃、舌緊，捶手頓足等，在潛意識中多有不同的次感元的異狀，運用NLP的手法，將它們消除，沒有這些感官的負面提醒，說話時表達就會自然順利多了。

三、轉變大腦的負面暗示慣性

1. 緊繃的大腦，做事快節奏，講話往往也跟著急，另一方面，遇到某些不熟悉的環境，容易慌張、害怕，也是大腦習慣判斷，預想不好的可能性造成。環境指的可能是人、事或情境。

2. 胡思亂想、多工交織的大腦習慣，也是這類個案很需要處理的常見慣性。習慣晃神、分心等所謂心不在焉的年輕人，這幾年數量增加得非常多。對於來自他人的話語，有時是因為緊張，但更多是因為晃神而沒收到訊息，準備回答時缺乏問題的掌握，因此緊張而不知道要回答什麼，嘴巴吞吐欲言又止，卻空無字句可吐出，看起來卡住，其實有很大部分是沒有想法可回呢！

　　以上兩種大腦負面慣性，會以設定**觸覺-情緒**的放鬆的大

腦迴路及**聽覺-**意念的迴路為主，透過冥想練習來改變長期以來的負面習慣。

四、加強自信的正面能量

「自信」是正面能量中，對人生舉足輕重的關鍵能量！這類個案幾乎 99% 都缺乏這種正面能量。來求診時通常已困擾很長的時間，過去的經驗往往埋下心結，大腦對自己就是「沒把握」。

「不知道等一下會不會……？」

「講不出來怎麼辦？」

「等會這麼多眼睛看著我，那多可怕……」

「這次講壞了，老闆會不會看我很討厭？」

「口試沒過關，我就死定了」

內心裡充滿著負面的暗示語，潛意識收到的訊息會有力量，但是負面暗示會帶來負面能量，因此，「不戰而敗」這樣的結局便充滿了可能性。

另外，「放鬆」、「快樂」的正面能量可以讓口吃困擾者，對於人、事、物的環境變化，可以多幾分從容及平靜的應對能力，自然就比較不容易發生表達困擾的窘境，或者即使偶然發生，也能笑一笑幽默自在地面對，不再耿耿於懷。

CHAPTER IX

暴怒篇

社會新聞中，因為情緒而造成的傷害案件裡，應以「暴怒」情緒排名第一！

暴怒個案故事一　怒傷身的求救訊號

中年的黎先生來的時候滿頭白髮，看到病歷 40 多歲的年紀，實在有點不相稱。

會想來求診，是因為之前身體出現血壓高、胃潰瘍等症狀，用了一個月的藥物卻效果不彰。加上生活中的人際關係，似乎愈來愈糟，急欲瞭解自己的人生到底出了什麼問題！

中年的人際關係不好？據他描述，同事不合、孩子反抗、友情疏離等，加上工作不順，似乎事事不順利，再細問才發現他個性急、沒耐心，白天工作上若屬下沒照他想的去做，幾乎無法好好解說，甚至會不耐煩而發怒；開會報告，一旦有人對他的內容提出問題，覺得權威備受挑戰，怒火就上升，急著要講卻因為腦袋一片空白，說不出原來懂的專業。晚上好不容易要回家放鬆，見到兒子在玩電動，更是氣到動手……

臨睡前算算一天下來，多少不開心的事，懊惱也許不該生氣，搞壞許多關係，再重複這樣下去，工作早晚會不保，身體健康也亮起紅燈。第二天太陽升起，日子照樣要過，脾氣子彈仍然不定時發出，傷及無數……及無辜。

暴怒個案故事二　背著炸彈的恐怖份子

才上國一，班上老師已經開始「密集」關懷孩子了！父母一臉愁容，媽媽說老師不是寫聯絡簿就是直接電話過來，多是抱怨孩子在學校對同學飆髒話罵人、打人或推人等。

這情形從小學四年級開始，老師通知家長，媽媽就會出面去「擺平」，年齡稍長一點，狀況沒變少，改由爸爸出面處理，有時候賠償、有時候道歉。風雨之中，所幸，最後是安全地畢業，離開校門。

到了國一新學期、新同學，動不動就發怒的特質似乎變本加厲，好奇他只針對外面的環境反應嗎？父母無奈地說，在家裡也常欺負妹妹，對父母態度語氣也不好，若不順他的意思，發怒之外，有時候會去捶打牆壁或揍人。

敘述至此，心裡已經大致有數，再瞭解背景就更明白緣由了。三代家族中唯一的男生，自小備受寵愛，每每惹事之後，親人要不就包容吞忍，要不就要去替他「擦屁股」善後。

鄭捷事件後，震驚社會，許多家長開始非常擔心，他的父母也是其中之一，深怕他的情緒特質是否可能也步上後塵，常常不開心，行為又不可控，彷彿是背著炸彈的恐怖份子！

暴怒個案故事三　女強人的管教挫折

有孩子之前在職場有一席之地的芳芳，個性求好心切，工作品質無可挑剔，老闆對她非常讚許。

回到家庭全職帶孩子，初期幾年多半難不倒她，到了第二個孩子上幼稚園以後，她的挫折感日漸升高，比起老大，老二顯得不聽管教，常常因惹禍被校方通知，對芳芳來說，一向對自己能力信心滿滿，想到竟然沒法管教孩子，不滿的怒氣像持續加溫的鍋子，隨時要爆開的氣氛醞釀中，只要老師一通電話通知，她就忍不住想打孩子，忍受的程度越來越差，甚至遷怒到先生身上，到後來愈演愈烈，動不動就想打小孩，一生氣就打，搞得家庭氣氛變得十分緊繃。

無力感加上經常失控的脾氣，身為媽媽的她，竟然後悔不該生了老二，累積性的情緒讓她覺得當家管毫無價值……。

暴怒的解析

社會新聞中，因為情緒而造成的傷害案件非常多，其中，據我觀察計算，應以「暴怒」情緒排名第一！

它也是所有情緒中最易失控、最具破壞力的負面情緒。最具破壞力的理由是它不僅傷害暴怒的本人，生理、情緒都受波及，暴怒的情緒一旦向外發洩，還會造成與週遭的關係變差，

家庭或人際關係，會因為暴怒發生的頻率及強度，一次次在關係網中留下一道道傷痕，難以抹滅。

恐慌、恐懼、憂鬱等負面情緒，往往有過去的不愉快回憶，留存在腦海裡而造成創傷，或負面聯結。但是暴怒情緒很不一樣的是，引爆的點在事情發生得不如自己的想像時，破壞性情緒能量快速往上衝，瞬間達到爆點，於是爆炸！

如果你遇上容易生氣的朋友、同事、家人或孩子時，當他們發完脾氣後，通常會義正嚴辭地告訴你，對方有多可惡，或事情有多麼不合理，因此他們非常不開心，生氣甚至暴走，來表達他因應的合理行為。當然，有一部分生氣的人會後悔自己的失控行為，私底下懊惱悔不當初。

「生氣」是表達自己感受的負面模式，如同其它情緒之於人的生存意義，都有其必要性，因為激烈表達，也許得到快速地回應，但過度頻繁或強烈的情緒，傷人傷己，得不償失，實在不值得鼓勵。

並非所有生氣都是需要處理的「暴怒」個案，如何評估是否需要協助呢？

1. 生氣時的強度──對自己或別人造成傷害的言詞，甚至動作，例如自殘、摔東西、撞擊牆壁、拿工具傷害他人，愈明顯有這方面激烈的破壞舉動，愈需要協助。

2. 發生的頻率──生氣的發生次數愈多，經常性愈高，愈需要處理，不論對象或事情輕重，一觸即發的生氣模式，早

晚會演變成更強而難收拾的局面。

3. 情緒的持續度──一旦發了脾氣，便很難消退或消解那情緒，內在犯嘀咕也好，生悶氣不理會他人也算，就是還處在憤怒的氛圍中，久久不讓情緒離開地持續，都屬於需要協助的類型。

　　符合上述條件愈多的，愈可能是典型「暴怒」的個案，當他們在面對不合意的事件時，暴怒的情緒地雷很容易就被引爆，事件本身大小、嚴重與否不是最重要的因素。情緒被點燃後，怒火上衝，大腦呈現一片空白，判斷能力立馬下降，所謂 IQ 變得不管用，失去理性原因在此，有些人會把怒氣能量集中在拳頭，暴力動作就會出現，去攻擊反對他的人或是旁邊的替死鬼！

　　多數人會集中能量在嘴巴，但因失去理智，邏輯不清楚了，乾脆亂罵一通，不知所云。

　　臨床上，有一群人很特別的是，有暴怒傾向，卻無實際可觀察的暴怒行為，也就是說，看不出來他很容易生氣，但儀器測得出來，反問之後立見真章，原來，當情境不利於自己展現脾氣，需要忍耐時，例如婆媳關係、上司屬下關係、消費客服立場等等，他們會習慣選擇隱忍情緒，成為暴怒的潛在患者。

　　不開心的情緒，人人皆有，遇到不順心的事件或情境，生氣自然會發生。任何負面情緒的背後，都有我們學習的機會。當我們幼年時，別人不給糖、玩具在別人手上、有人欺負你等

等，許多狀況會引起我們以怒氣來表現，好讓大人知道我們「想要」或「不想要」，因此，大人這時候就有機會教育我們，應該或不應該，藉由許多小事件，逐漸學會有些事情不容許我們直接發脾氣，遇到這樣的挫折，大腦會選擇另外的路徑，好確保我們的行為可以更符合他人及社會的期待。

仔細瞭解暴怒個案的背景，有幾個養成因素需要我們多留意。首先，家庭是一個初期養成情緒的重要地點，父母是最方便模仿的對象，如果其中有人很容易生氣、暴怒，未成年的大腦很容易仿效，潛移默化中就學習了父母的不恰當模式，往後到學校或社會中，面對外人，一樣地複製情緒模式，就成了暴怒患者。

另一種養成模式，如同個案故事二，孩子遇上不順心的事，以生氣來表達，縱使不恰當，周遭的人無限地包容，盡可能滿足他的無理或有理的要求，大腦便會強化這樣的路徑，未來，凡是想達到目的，就以發怒來宣告大家：「我要什麼沒被滿足，快快來幫我解決！」這樣一來，暴怒的迴路會越來越被強化，隨著年歲增長，愈像高速公路一樣，常常快速引爆怒氣，可以說是「沒完沒了」！

當然少數案例是為了爭寵，引起他想要的關注，故意誇張生氣的強度，背後的用意一旦達到，往後食髓知味，重複地表現情緒，養成習慣以後，也會成為暴怒的患者，雖然初始原意並非如此。

　　暴怒的危險有多大？隨著年紀增長，慾望愈多、力量更大，慣性迴路更快速，一旦發怒不滿的事沒被解決或滿足，他們會加強暴怒的強度等級，讓別人務必買單，如同社會新聞見到的暴力事件，十之八九多是情緒引爆的。這種情緒帶來的危險，不單是傷害別人，殃及無辜，年紀到了中年，傷及消化系統的腸胃、肝臟機能的機會大增，甚至造成心血管的問題，成為高血壓、腦中風的高危險群。

暴怒心腦重塑四步驟

　　不同於其他情緒疾患，可透過溯源找到過去的創傷回憶，情緒的瞬間迸發，與以往的不舒服記憶並沒有太多連結，比較多的問題源頭在於大腦非常焦慮緊繃，情緒的怒火經常被點燃，已經形成慣性，只要遇到的情境，不論是場景畫面、聲音言語、或是感覺，不是自己舒服的狀況，那把火很容易在短時間就被點燃，火力噴發的方式可以對外發散或是對內蓄積，端看個人的習慣及判斷。

一、去掉關係之間的創傷

　　為數極少的個案，需要處理過去的連結回憶。但經常發怒的對象有特定性時，常見的例如親子、婆媳關係，曾經有位媳婦每回想起以往與婆婆的緊張不信任的相關情節，縱使事過境

遷，如今自己也熬成婆時，心結仍未了，只要一見面就很容易陷入「先入為主」的心結中，造成暴怒的引發地雷。當然，因為是與特定對象的心結，只要處理掉與當事人相關的往事記憶，減少大腦連想，即可緩解情緒。

二、調整情緒強度及特定肢體動作能量

火氣伴隨肢體動作，容易演出「全武行」的暴怒者，首先要處理身體特定部位的負面強迫行為，找出情緒連結的手或腳，當然也可能是牙齒，潛意識中可以見到這些肢體都有特殊形象，雖然它們讓情緒有個發洩的出口，但後續副作用太大，因此優先處理，避免傷害他人。

另一方面，好發的火爆情緒，幾乎都可以在「情緒區」或「感受區」的迴路上，找到怒火的累積路徑，設定正確可以舒緩怒火的迴路，一段時間密集做冥想練習新的迴路，蓄積的火氣消減了，漸漸地發怒的頻率、強度都可以明顯緩和下來！

三、舒緩緊繃的大腦

「箭在弦上」或許可以體會暴怒者的大腦狀態：緊繃、焦慮、帶著些許不安，不順心的事件現前，大腦馬上不 OK，加上滿滿的胸腔怒火迅速上衝，匯集大腦，很快引爆，因為已經過於緊繃的腦，像是等在弦上蓄勢待發的箭，情緒一來，大腦加倍緊繃，只需臨門一腳的火氣助燃，馬上飆衝出去。

大腦過於緊繃，思考狀態非比尋常，冷靜度不足，退回初階哺乳動物的反應能力，接續情緒迴路練習之後，消除大腦急躁、煩悶、緊繃的慣性，找出大腦的放鬆路徑。未來沒有了火藥庫，想引爆也沒有材料。

四、正能量防暴走

NLP 的基本假設：每種情緒的背後都有它的正向意圖。我們看到表面「暴怒」情緒的背後，往往是害怕或沒有安全感在作祟，提醒我們背後的「想要」！

安全感或自信能量，讓大腦面對自己不舒服、不適應的情境時，對自己解決困境的把握度提高，因為可以冷靜面對，大腦判斷能力增強，情緒被波動的風險降低，穩定度會讓怒火難以有燃料可助燃。

另外，放鬆及快樂的感覺，人人都需要，多一些這類的正面能量，看待事情會有四兩撥千斤的輕鬆感。遇上不順心的事，負面能量易消散，覺得沒什麼，漸漸就養成不生氣的習慣，大腦緊繃的程度降低消退，冷靜判斷的能力提高，愈來愈能以平常心看待許多不順心、不如意的大小事。

當然，設定好正確程式，需要經常練習迴路，持續累積效果，才能遠離「惡習」！

CHAPTER X

情傷篇

　　即使它不是病，得了它的症狀，卻會食不下嚥、
夜不成眠、魂不守舍，甚至生不如死！

情傷的個案故事一　辦公室的致命吸引力

　　蘇菲來診時，因為情傷醞釀的負面情緒已十分具有危險性
了！由於業務工作常需要討論，蘇菲必須與同事及主管，開大
小會決議部門的事。漸漸地發現與 A 主管的想法、默契都有
巧妙的契合。初期雖然知道 A 主管已婚，卻很喜歡那種心領
神會的互動默契，為了見面合理化，私下多以討論公事為名的
主動約會，她向閨蜜表達這樣的關係是「靈魂伴侶」，漸漸地
終於失控而發展成地下情。

　　A主管的太太後來發現他們的不倫戀，提出警告後，兩人
一起離職，避免後續風雨。A主管另謀他職，蘇菲則在無業狀
態下，繼續保持兩人地下情的關係，傾所有心思來對他好，日
子久了，實在愈來愈不想與他人共享這種關係，不但要求A主
管離婚，還主動約他的太太出來談判，希望對方給他「完整」
的男人……

　　這樣不倫關係在雙方都承受相當的壓力下，逐漸發展成吵
架、爭執、暴力、冷戰、復合的壓力鍋循環模式，蘇菲始終不
想放棄，縱使偶然厭倦，卻堅持這樣的關係。之後失眠、暴
怒、空虛、沮喪等情緒翻攪得她一直很難回到職場。

　　沒有生活重心的她，為了這感情終於醞釀成極端情緒……
她說：想去殺了他們！大家重新投胎再來！

情傷的個案故事二　活在七年回憶膠囊中

　　丹琪離開那段戀情已有七年之久了。至今，日子仍不好
過。那段戀情是在大學剛畢業的社會新鮮人時期，朋友介紹認
識的，甜蜜維持了 1 年半，後來對方不知何故，漸漸冷淡，不
願說明原因的他，讓丹琪非常挫折，後來工作常出差，有時候
忙得半個月見不上一面，對方因此藉故提出分手，她疲勞且無
力地莫名答應。

　　答應分手後，心裡不甘的她常 call 他，剛開始他會接聽，
時間一久，顯得不耐煩的口氣，常讓她因此歇斯底里。休假
時，不自覺會想去找出他的東西，不論是送的禮物或用過的小
物，她拿出來看看便又陷入低潮情緒中。

　　來到診間時，她已經發展成失眠又暴怒的狀況，連對異性
都很害怕，工作抗壓性也變差，腦海中甚至常倒帶他之前吵架
時說過的話：「你很任性ㄟ！」「分手有什麼了不起！」

　　她懷疑自己已經快精神分裂了！

情傷的個案故事三　初戀即鎩羽的重傷

情竇初開那年，小剛才國三。因為喜歡同班的女生，過程很平常，嚴重的事發生在接近升學考試時，女同學在大家面前公開宣布要與他分手，小剛事前沒被她告知，錯愕又羞愧的情緒滿溢，失了顏面、少了鬥志，連帶影響大考的結果，信心一落千丈。

從那次慘痛經驗後，再沒交過異性朋友，已經大四的他述說著痛處，縱使她令他難堪痛苦，他仍想念著她，總覺得自己不夠好，即將步入社會的他，8 年來幾乎因為這段傷痛，很難正面看待自己。

在眾人面前說話或唱歌，都擔心別人會取笑。他說，不只不相信自己，也常不相信別人！

情傷的解析

「失戀」的經驗許多人並不陌生，但失戀不一定會「情傷」。自古至今不分國家區域，凡有人跡之處，大概都有這種「疾病」的痕跡吧？！

如果它是一種病，醫療史上流行病學的紀錄中，可能數它歷史最悠久，亙古至今綿延數萬年歷史。記載的文字幾乎與文字史一樣長久吧！

　　如果它不是病,得了它的症狀,食不下嚥、夜不成眠、魂不守舍,甚至生不如死,形容枯槁、面無血色,總之,沒有一種病症折磨人至此,即使現代常見的絕症,好像都不如它的殺傷力!

　　情傷的「患者」,除了上述症狀外,還會不定時哭泣,見到人不是完全沈默就是重複述說他(她)的情傷故事,從他們的描述中,大概可看出幾個特徵:

1. 喜歡問:為什麼他這樣對我?他欠我一個道歉!可不可以重新再來?

2. 腦海裡浮現許多畫面,有些真實往事倒帶重溫舊夢,而有些事可能沒見過,卻將假設的事自行轉化成「回憶」。例如第三者與前男友的畫面、背叛的場景內容畫面、分手時對方在電話那頭的表情等等。

3. 不甘心地覺得哪裡可以補救,重來!「如果當時不怎樣……,我們應該還在一起。」、「要是她沒來……,我也不會……。」

4. 情緒、回憶及假設疑問不斷重複的結果,白天上班無法專注工作,晚上睡覺前大腦像滾輪般轉來轉去,一個接一個念頭不願停歇,往往導致一夜難眠。

5. 大腦不斷搜尋或與外界(朋友)確認原因(失戀=失敗),想不透硬是要想出個真正答案,最後往往消極地自當判官,「我不夠好」、「我對他不夠好」、「我配不上他」等等

自怨自艾沒有自信的結論。

不論男生或女性，異性或同性戀，婚姻內還是婚姻外，合倫理還是不倫理，只要是失戀，症狀反應多半類似，最重要的發現是：

-被分手的人比較會有失戀症候群。

-通常大腦會定頻在戀愛史上，對其他事沒興趣。

-情緒上主要的負面感受是──被否定。

情傷心腦重塑四步驟

失戀不一定會有傷害，主觀角度認定是不舒服的、不容易跳脫的難受情境，即使不是傳統認為的情緒疾病，但它確實算是一種「創傷」，我們稱它為「情傷」。沒有處理好這種創傷的長期影響下，情緒不斷累積影響生活面擴大，甚至會帶來真正的情緒疾病，例如憂鬱、焦慮、思覺失調，甚至失眠！

一、淡化交往史的記憶

1. 情傷記憶一定牽扯強烈情緒，一再討論記憶事件的是非對錯，那只會更強化當事人的負面想法。重複不好的回憶會強化恨意；而重提美好的回憶也只徒留感傷，懊惱不捨的負面感受。

2. 不斷地反問「為什麼」或自我否定的文字語言，往往是當

事人自己的自問語，不一定要回答，只要傾聽即可。

回憶與伴侶之間的相處片段，原來是交往熱戀期的加溫模式，一旦分手了，同樣的回憶就成了痛苦的來源。縱使是美好甜蜜的往事，失戀後都會成為難過的記憶。

奇妙的是，並非所有的回憶都是「真的」發生過的事實！怎麼說呢？親眼在現場目睹，就是親身經歷，但有許多情節是「耳聞」，人們的潛意識會根據想像將「耳聞」，轉換成畫面（可說是創造性畫面），但通常自己並不會注意到這存檔內容的真實性，特別的是，即使是創造的畫面，一樣會引發我們的情緒，讓心情變好或變壞。

透過潛意識處理前，詢問線索，確認傷痛來源，會發現個案在記憶中的畫面，與情緒連結有極大關係的，因此，協助他們的第一步驟就是「淡化」記憶。事實或創造？美好的或不舒服的？甚至一般生活片段的中性記憶，一律建議配合在潛意識中做淡化處理，有的個案會要求保留部份「美好」記憶，好像那也代表著他的青春，或者依戀著某部分的慾望。

通常，我會向個案分析留著或不留著的利弊得失，最後，一律處理掉，使趨向中性記憶是最好的結果。

有人懷疑這樣會不會就「忘了」那個前戀人？其實，不會忘了他是誰，只是會將他「中性化」，不帶情緒地將他視為「一般人」。

凡走過雖然必留下痕跡，但不著情緒，才不會影響未來的

腳步。當未來有機會交往新的對象時，因為淡忘了前友人，才不會無理地做比較，增添無謂的煩惱或爭執。

二、調整失去的傷痛情緒

「愛之欲其生，恨之欲其死」兩種極端的情緒可以在不同時間，對同一個對象發生。

天堂與地獄其實可能也只是一念之隔。失戀的地獄端也許因人而異，但舉凡想得到的負面情緒，幾乎在情傷個案裡都看得到：憂鬱、沮喪、難過、憤怒、不平等等，「心頭揪成一團」，文學作品中最愛著墨的多半是這類劇情，熱戀中會失神地笑；失戀則會莫名地哭，旁觀者很難理解他們內在的活動，通常很想找人來問個明白，其實沒有答案，更不會有對錯，黑白分明在戀愛的兩人之間，其實本來就不存在。兩個人順眼，什麼都好，看不到別人的眼光；兩個人其中一個不唱和，便是一翻兩瞪眼，再怎麼美好正確，都不會是對的。

因此，情緒處理前如果要討論的話，通常不會有結論，下一次，可能換個朋友再窮追猛打「到底答案是什麼？」

著名小說紅樓夢中的林黛玉因為心情鬱悶，難過地「捧心」，無法釋懷，負面情緒累積的區域最常出現在胸口，胸悶、心悸、心冷、心沉等等的形容詞並非只是文學家筆下，為賦新詞強說愁的情懷。如前面討論負面情緒的累積多儲存在胸腔的區域，試著找出排除難過、想哭、憤怒的「情緒區」迴

路，透過冥想練習，將滿溢的負面情緒排除掉，才能逐漸恢復正常的心情，生活頻道回到過去的正常。

三、轉變大腦鑽牛角尖的慣性

情傷的初期，只要處理完記憶及情緒，通常就沒事了。也有 70%的個案只淡化記憶就覺得可以了。

通常會處理到這個步驟，多半是情傷時間延續太久了，常倒帶情傷歷史，習慣養成後，對任何發生的事，會有類似的反應，大腦已經因為重覆回想創傷的後續反應，形成思想的負面習慣，例如焦慮、胡思亂想、負面解讀、鑽牛角尖等，將世界複雜化加工的一種「要命」模式，要讓生活不被長期情傷影響，找出大腦正向、不倒帶的**視覺-回想**迴路，加以練習，世界還是可以依然美麗。

四、加強關係中欠缺的正面能量

每段人生的過程，都有它經歷中所要收獲的學習課題。情感的深刻度更勝於其他歷練。有人形容戀愛尋找對象，是為了找到宇宙中，可以與自己互補長短、形成一個圓的「另一半」。為何另一半吸引你？可能有因人而異的理由，但多年個案統計下來，最多的是因為陪伴帶來安全感！許多女性個案害怕孤單，往往缺乏的就是安全感，這也是首要需先加強的正面能量。

　　處理情傷的所有負面記憶或情緒之後,最重要的事——這段感情背後所帶來的意義?也就是對當事人來說,「你想從這段感情得到什麼?」「他給你帶來什麼好的感覺?」這又引出另一個需求——快樂!

　　臨床情傷案例幾乎有 80%以上是為了得到「安全感」,「快樂」是普遍需要的正面感覺,也是生活中重要不可或缺的正面能量。另外因為有伴侶而得到「自信」比例也相當高,這三種正面能量對許多人來說,都是決定他們往後人生,能不能有抗壓性的關鍵能力,也是甩開情傷,想重新踏出新的腳步,讓自己更有正向吸引力的重要能量!

結語　感謝疼痛的善意提醒

許多其他情緒問題的個案會好奇，不用藥物，僅僅「四步驟」就可以解決他們的症狀嗎？因書中篇幅有限，其他例如被霸凌、網路成癮、人際關係或暴食等困擾，如果能觀察到潛意識的微妙訊息，找出特定程式，一樣可以回到最自在的狀態，試問：一個人如果沒有創傷、情緒正向、大腦放鬆而不負面預測，請問還有什麼大問題呢？當然如果再加上他有自信、快樂及安全感等正面能量，人生的挑戰迎面而來，通常也沒在怕的吧？

在年輕的歲月中，如果遇到情緒出現危機，本人或周邊的家人很少不埋怨的，總覺得環境或是誰在為難我們，但是對於那些外力，只要我們繼續人生的腳步，它們不可能不出現，只有當我們不在乎、保持彈性，情緒不再累積，事情對我們來說，才不再有殺傷力，痛覺不再如此令人難堪。

然而，那些人生歷練過程的痛，到底有多真實？誠如一位研究細胞記憶的作者路易斯·安赫爾·狄亞茲（參考資料 13）曾分類我們遇到的痛，分為「真正的痛」、「想像的痛」，真正的痛指的是肉體受傷，貨真價實的疼痛；想像的痛則是本書中主要提及的源自內心的痛，造成情緒困擾的痛！

許多生理的痛，真正的意涵是要我們對過去一直以來的習慣做出改變。懶得運動整日坐著看電視，腰酸背痛是必然伴

隨；喜歡三餐隨性吃，腸胃不適痙攣腹瀉，同樣是合理發生的「痛」，得了病，讓我們不方便，感覺痛，得找出問題癥結，如果吃了止痛藥，阻斷神經傳導訊息，雖然暫時緩解疼痛，根本病灶還在，隨時像不定時炸彈，餘威猶存。

　　特別的是對於心理的痛——想像的痛，如果我們不真正改變存在大腦或身體的訊息，如同怕吵的人，直接塞住耳朵，任憑外人如何按鈴，也聽不到鈴聲，如同掩耳盜鈴一樣。情緒疾病的解決如果只是用藥，讓大腦無力再想什麼，麻痺自己的感覺，不了解問題在自己身上，機會也在自己身上，終究無法真正解決問題。

　　想像的痛傷人嚴重，以每個人特定的地圖，來理解所發生的事物，因此而產生非常「個人」的痛，感到痛才有機會檢視習以為常的「應該」，是否不恰當？縱使可能不利於生存快樂，卻有機會重新設定或修正我們內在的程式、信念，如此一來，更適切快意的因應程式，將協助我們未來可以更美好。

　　據統計，一個家中如果有一精障（精神障礙）的人，往往需要雙倍人力來照顧，對社會資源而言就相當於減少了三個人力，而精神藥物治標療法，無法像其它科別能夠有一定治癒的標準，長期服藥、遙遙無期的治療，以及容易成癮的藥物讓人逐漸失能，家人連帶受影響，這種家庭因此無法正常運作，造成的社會成本是無法估算的。

　　歷經多年幾千個案例的觀察，以個案角度，如果當初沒有

那些「磨難」或痛苦，長期以原來的行徑方式前進，人生早晚仍會撞牆，因為情緒實在太痛或者失眠太苦，迫使他們不得不轉彎，或調整原來人生前進的方式，才有了新的契機，利用這樣調整潛意識的手法，大腦有了面對世界更好的角度。

「痛」是人生另一個契機，不論痛的是自己還是身邊的親人，都會有一股迫使我們改變的動力湧出，需要改變的是個案本身、是對待相處的家人，更可能是至親的父母或子女，當我們能一起選擇適當地面對「痛」的方式，學習新的策略，回應不舒服的外來挑戰或內心的痛楚，共同面對的改變，很可能就是人生重要的轉戾點，一個家庭的另一個生機。

參考資料

1. 《向佛陀一樣快樂》瑞克・韓森&理查・曼度斯　著。雷叔雲譯。心靈工坊出版

2. 《牛頓》雜誌 106 期──記憶的機制

3. 《記憶 vs.創憶》伊莉莎白・羅芙特斯　著。洪蘭譯。遠流出版

4. 《心智拼圖 》米麗安・波林-費茲傑羅　著。洪蘭譯。遠流出版

5. 《大腦有問題》 汀・布諾曼諾。蕭秀姍、黎敏中譯。商周出版

6. 《情緒大腦的秘密檔案》理查・戴維森　著。洪蘭譯。遠流出版

7. 《HQ 心能量開發法》杜克・齊德瑞&霍華・馬汀　著。陳素貞譯。時報出版

8. 《改變》馬汀・塞利格曼　著。洪蘭譯。遠流出版

9. 《是情緒糟，不是你很糟》馬克・威廉斯、約翰・蒂斯岱、辛德・西格爾、喬・卡巴金　著。劉乃誌等譯。心靈工坊出版

10. 公共電視主題之夜──誰讓你憂鬱？（The Sad People Factory. ）105/09/23

11. 《自我轉變的驚人秘密》理查・班德勒　著。吳孟儒譯。

方智出版

12.《改變是大腦的天性》諾曼・多吉。洪蘭譯。遠流出版

13.《釋放細胞記憶，和疼痛說再見》路易斯・安赫爾・狄亞茲　著。蔡永琪譯。橡實文化出版。

銘謝

　　非常感謝以上各類書籍的發表者、譯者及出版單位，以及將 NLP 第一手資料引進台灣的陳威伸老師及世茂出版社，多年來承蒙這些先進的著作啟發，我才有機會在臨床發揮醫生的使命，藉此書深深表達長期以來的謝意。

國家圖書館出版品預行編目（CIP）資料

NLP 心腦迴路重塑,擺脫情緒綁架 / 王紫光著.
-- 初版. -- 新北市：世茂, 2017.07
面； 公分. --（銷售顧問金典；89）

ISBN 978-986-94805-0-5（平裝）

1.壓力 2.抗壓 3.神經語言學 4.個案研究

176.54 106007164

銷售顧問金典 89

NLP 心腦迴路重塑，擺脫情緒綁架

作　　者／王紫光、張雅君
主　　編／簡玉芬
責任編輯／陳文君
封面設計／鄧宜琨
內頁插圖／楊宗融
出 版 者／世茂出版有限公司
地　　址／（231）新北市新店區民生路 19 號 5 樓
電　　話／（02）2218-3277
傳　　真／（02）2218-3239（訂書專線）
　　　　　（02）2218-7539
劃撥帳號／19911841
戶　　名／世茂出版有限公司
世茂網站／www.coolbooks.com.tw
排版製版／辰皓國際出版製作有限公司
印　　刷／世和彩色印刷股份有限公司
初版一刷／2017 年 7 月
　　二刷／2017 年 10 月

I S B N ／978-986-94805-0-5
定　　價／300 元